बातों बातों में

काम की बात

सफल एवं विशालकाय नेटवर्किंग व्यवसाय के निर्माण हेतु विशेष उपयोगी कथनों एवं वाक्यांशों का अनूठा संग्रह

ISBN: 978-93-80494-56-2

Published by:

QFORD®
New Delhi (India)
Ph.: +91-9911-114045/224045
Email: info@QFORD.com
Website: http://www.QFORD.org
http://www.QFORD.Education

TALK THE TALK
by Angelo M. D'Amico
Hindi Translation: A. J. Razeev

Edition: 2023–24

Published by **QFORD** in arrangement with Angelo M. D'Amico, USA

बातों बातों में

काम की बात

लेखक

एंजेलो एम. डी'अमिको

सपनों का दामन थामे रखने से हम जीवित बने रहते हैं।

– जॉन बेरीमोर, अभिनेता

यदि मुझे फिर से मौक़ा मिले तो मैं नेटवर्क मार्केटिंग को चुनूँगा।

– बिल गेट्स

प्रतिपादन

इस पुस्तक में दी गई सामग्री पूर्णतः मौलिक है। यद्यपि यह सामग्री नेटवर्क मार्केटिंग व्यवसाय में पिछले 70 वर्षों से भी अधिक समय से मुफ़्त में वितरित की जा रही है, क्योंकि नेटवर्क मार्केटिंग व्यवसाय का मूल आधार ही जानकारियों का आदान-प्रदान है। आप इसे करते - करते सीखते तथा सीखते - सीखते करते हैं और साथ में पैसा भी बनाते हैं, यही इस व्यापार की सबसे बड़ी विशेषता है।

हमने इस पुस्तक में दिए गए कथनों एवं जानकारियों को उनके लेखकों एवं वक्ताओं के नाम के साथ देने का पूरा प्रयास किया है। इन जानकारियों एवं कथनों को पिछले अनेक वर्षों में अनेक सेमिनार्स, ट्रेनिंग सेशंस, आपसी बातचीत एवं पुस्तकों के माध्यम से संग्रहित किया गया है। हमारा विश्वास है कि इस पुस्तक में दी गई जानकारी का उपयोग करके आप न सिर्फ अपने ज्ञान को बढ़ा सकते हैं बल्कि अपने उत्साह एवं योग्यता के बढ़ते प्रभाव के चलते एक सफल एवं अनुभवी नेटवर्कर भी बन सकते हैं।

आभार

मैं अपनी प्रिय पत्नी सिंडी, जो मेरे लिए ईश्वर का वरदान है, का शुक्रिया अदा करना चाहता हूँ। सिंडी ने मुझे एमवे व्यवसाय में न सिर्फ बहुत सारा सहयोग दिया बल्कि मुझ पर अटल एवं अटूट विश्वास भी किया।

स्वतंत्र उद्यमियों का नेतृत्व करने वाले देश अमेरिका में मुझे जन्म देने के लिए ईश्वर का आभार। साथ ही, मेरे माता-पिता मैरी तथा सैम का भी शुक्रिया, जिन्होंने मुझे बड़े सपने देखने के लिए न सिर्फ प्रेरित किया बल्कि अनुशासन के साथ कठिन परिश्रम करना भी सिखाया।

एमवे कॉर्पोरेशन के संस्थापक रिच डेवॉस तथा जे वैन एंडिल का भी धन्यवाद, जिन्होंने ऐसे स्वर्ण अवसर को जन्म दिया, जो आज पूरी दुनिया के आम आदमी को उसके सपने साकार करने में विशेष सहयोग प्रदान कर रहा है।

एमवे डायमंड्स का भी विशेष धन्यवाद, जिन्होंने ऐसे सपोर्ट सिस्टम का निर्माण किया, जो आज हर उस आदमी की मदद कर रहा है जो इस व्यवसाय में काम करने को तैयार है।

अंत में, संसार के सबसे बड़े नेटवर्कर डैक्स्टर एवं बर्डी येगर का विशेष आभार, जिन्होंने इस व्यवसाय को बुलंदियों पर पहुंचाकर प्रत्येक आई.बी.ओ. (स्वतंत्र व्यवसायी) के लिए एक मिसाल कायम की।

जीवन एक ही बार मिलता है। सही प्रयासों के द्वारा यह सफल बन जाता है।

– जो ए. लीविस, हास्य अभिनेता

मैंने यह पुस्तक क्यों लिखी!

इस पुस्तक में दिए गए प्रभावशाली कथन एवं वाक्यांश हमारे व्यवसाय में वर्षों से उपयोग किए जा रहे हैं तथा समय की कसौटी पर खरे उतरे हैं।

आपने मल्टी लेवल मार्केटिंग अर्थात् नेटवर्क मार्केटिंग उद्योग जगत् के सफल वक्ताओं को इन कथनों का उपयोग करते हुए बार-बार सुना होगा, जो इस बात का प्रत्यक्ष प्रमाण है कि ये कथन वास्तव में उपयोगी हैं।

इस पुस्तक में दी गई जानकारी आपको -

- ❒ लोगों द्वारा की जा रही आपत्तियों का समाधान करना सिखाएगी।
- ❒ नए लोगों से संपर्क स्थापित करना सिखाएगी।
- ❒ सही रुझान वाले उपभोक्ताओं की पहचान करना सिखाएगी।
- ❒ आपकी टीम के लोगों तक सही जानकारी पहुँचाकर आप सभी की सफलता को सुनिश्चित करेगी।

जिस जानकारी के उपयोग के चलते हम डायमण्ड बने, आज वह सारी जानकारी इस पुस्तक के माध्यम से आप तुरंत और आसानी से प्राप्त कर सकते हैं!

याद रखें . . . डायमण्ड बनना आसान है यदि आप बातों-बातों में काम की बात करना सीख जाते हैं।

शुभकामनाओं सहित

एंजेलो एम. डी'अमिको

यह पुस्तक आपके लिए क्या करेगी!

जीतने की इच्छा से अधिक जीत की तैयारी महत्त्वपूर्ण है।
- जो पटर्नो, पैन स्टेट फुटबॉल कोच

लोग जो सुनना चाहते हैं, यदि वही उन्हें सुनाया जाए तो वे ज़रूर सुनेंगे।
- हर्मन होल्ट्ज, परस्यूसिव राइटिंग के लेखक

यहाँ आपकी तथा आपकी टीम की कामयाबी इस बात पर निर्भर करती है कि आप लोग कितनी सरलता, सादगी, सटीकता एवं प्रभावशाली ढंग से इस अवसर को प्रस्तुत करने की योग्यता रखते हैं।

इस पुस्तक में दिए गए सवालों, कथनों तथा वाक्यांशों पर महारथ हासिल करने पर आप :

- ☞ लोगों को अपनी जानकारी के भण्डार के माध्यम से चकित एवं उत्साहित कर देंगे।
- ☞ लोगों की समस्याओं का निराकरण विश्वास के साथ कर पाएँगे।
- ☞ नए संपर्क सरलता पूर्वक बनाना सीख जाएँगे।
- ☞ सही रुझान वाले लोगों का चुनाव करना सीख जाएँगे।
- ☞ अपनी टीम के नए लोगों को प्रशिक्षित एवं उत्साहित करना सीख जाएँगे।

इस पुस्तक का सही इस्तेमाल कैसे करें!

आज से आने वाले कुछ महीनों तक इस पुस्तक को प्रतिदिन 15-20 मिनट का समय दें, इसमें दिए गए कथनों एवं वाक्यांशों को बार-बार पढ़ें तथा चिंतन-मनन के साथ इनका निरंतर अभ्यास करें। हो सके तो पुस्तक को 90 दिनों में कम-से-कम 100 बार पढ़ने का लक्ष्य बनाएँ।

इस दौरान इस पुस्तक को हमेशा अपने साथ रखें। पुस्तक के अंत में दिए गए प्रोग्रेस रिपोर्ट चार्ट के द्वारा अपनी प्रगति की जांच करते रहें। जैसा कि पुस्तक में कहा गया है -

बड़े-बड़े क़दमों के मुकाबले छोटे-छोटे प्रयासों के द्वारा बड़े लक्ष्य प्राप्त करना अधिक सरल होता है।

मुझे पूरा विश्वास है कि यदि आप इस पुस्तक के माध्यम से हफ़्ते में पांच-छह (या अधिक भी) प्लान दिखाना सीख जाते हैं तो वह दिन दूर नहीं जब आप इस व्यवसाय में क़ामयाबी के शिखर को छू लेंगे।

साधारणतः इस्तेमाल किए जाने वाले प्रभावशाली वाक्यांश

भाग 1

०१

सवाल पूछना : सम्पर्क का सर्वाधिक प्रभावशाली तरीक़ा

जो कहा जाता है वह इतना महत्त्वपूर्ण नहीं है
जितना कि वह, जिसका पालन किया जाता है।
– रेड औरबक, बॉस्टन सेल्टिक के सुप्रसिद्ध कोच

एक नेत्रहीन अगर दूसरे नेत्रहीन के पीछे
चलेगा तो दोनों का गड्ढे में गिरना तय है।
– मैथ्यू 15:14

सही भाषा का इस्तेमाल

प्रत्येक व्यवसाय की अपनी एक शब्दावली अथवा भाषा होती है। जिस प्रकार कम्प्यूटर चलाने वाले को माउस, की-बोर्ड, हार्ड डिस्क एवं मीडिया ड्राइव के बारे में जानकारी होना ज़रूरी है।

नेटवर्क मार्केटिंग से पहले मैं बीमा बेचने के क्षेत्र में कामयाब था, परंतु इसके लिए मुझे एक चीज़ जो सबसे पहले सीखनी पड़ी, वो यह थी कि लोगों से संवाद-सेतु कैसे स्थापित किया जाए? मैंने लोगों से यह कभी नहीं कहा कि यह पॉलिसी आपको 200 डॉलर में पड़ेगी या 200 डॉलर का बिल आपको मेल से भिजवा दिया जाएगा।

मैंने यह कहना सीखा – आपका मासिक प्रीमियम (किश्त) मात्र 200 डॉलर रहेगा। क्या आपको नहीं लगता कि अपनी तथा अपने परिवार के भविष्य की सुरक्षा के लिए यह एक बहुत ही छोटा-सा

निवेश है? सफल एजेंट्स को पता होता है कि कब, क्या और क्यों कहना है।

यह जन्मजात गुण नहीं

नेटवर्क मार्केटिंग में भी इसी प्रकार होता है। यहाँ सफल आई.बी.ओ. (इंडीपेंडेंट बिजनेस ओनर्स) अर्थात् डिस्ट्रीब्यूटर्स के पास पूछे गए हर सवाल का एक बना-बनाया जवाब होता है। वे स्वाभाविक तौर तरीक़े अर्थात् दिल से एवं पूरे विश्वास के साथ बातचीत करते हैं। इसीलिए तो हर मीटिंग अथवा सेमीनार के बाहर वक्ता की वाक् शैली एवं भाषण देने की कला की प्रशंसा अक्सर सुनने को मिलती है।

क्या आप इस रहस्य को जानना चाहते हैं? अधिकतर लोग इसे ईश्वर का वरदान अर्थात् गॉड गिफ़्ट मानते हैं, परंतु मेरा यकीन कीजिए, इस कला को कड़ी मेहनत एवं लगन के द्वारा सीखा जाता है। और फिर सच्चाई तो यह है कि हम सभी सीखने की क्षमता एवं उसे निखारने की समान योग्यता को साथ लेकर पैदा होते हैं।

सवाल ही जवाब है

क्या आपने कभी इस बात पर ध्यान दिया है कि नेटवर्किंग व्यवसाय में कामयाब लोग सवाल बहुत पूछते हैं? फिर इस बात से कोई फर्क नहीं पड़ता कि वे बहुत सारे लोगों से बातें कर रहे हों या फिर आपसे अकेले में, क्यों? सफल अमेरिकी सेल्स प्रशिक्षक टॉम हॉपकिंस के शब्दों में:

यदि मैं कहूँगा तो आप शक करेंगे
इसलिए बेहतर होगा कि आप ही बोलें।

प्रत्येक सफल लीडर (नेता) सवाल करने के जादू को अच्छी प्रकार जानता-समझता है। सवाल लोगों को उनके स्वयं के जवाब खोज निकालने के लिए प्रेरित करते हैं, क्या मैंने ग़लत कहा?

और सर्वाधिक प्रभावशाली सवाल है:

क्या मैं जान सकता हूँ?

परिस्थिति के अनुसार, पुस्तक में से चुन कर आप उनसे कुछ भी पूछ सकते हैं। आप यकीन नहीं करेंगे कि किसी वाक्यांश अथवा कथन को भी सवाल की शक्ल में आसानी से ढाला जा सकता है, जैसे –

क्या मैंने ठीक नहीं कहा कि . . .
क्या यह बात सच नहीं है कि . . .
क्या आपको पता है कि . . .
क्या इसका यह मतलब नहीं है कि . . .

या फिर

. . . *क्या आपको नहीं लगता?*
. . . *क्या आप मेरी बात से सहमत हैं?*
. . . *क्या मैंने ठीक नहीं कहा?*
. . . *क्या यह बात सच नहीं है?*
. . . *आप देखना चाहेंगे कि यह कैसे काम करता है?*

उदाहरण के लिए अध्याय-आठ में दिया गया है –

लोगों को परवाह नहीं कि आप क्या जानते हैं जब तक कि वे यह नहीं जानते कि आप उनकी परवाह करते हैं।

आप अगर किसी को यह बात बताते हैं तो हो सकता है उसे लगे कि आप घमण्डी हैं और उसे नीचा दिखाने का प्रयास कर रहे हैं।

इसी बात को अगर सवाल की शक्ल में ढाल कर कहा जाए तो? बात वही की वही है, परंतु इसका प्रभाव बदल जाएगा, नहीं?

चार्ली, क्या आपको नहीं लगता कि लोगों को परवाह नहीं कि हम क्या जानते हैं जब तक कि वे नहीं जानते कि हम उनकी परवाह करते हैं?

यदि मैं आपको एक ऐसे 'टूल' के बारे में बताऊँ, जिसके इस्तेमाल से न सिर्फ आपके आत्मविश्वास में असाधारण वृद्धि होगी बल्कि आपका स्पॉन्सरिंग रेट भी बढ़ जाएगा?

है न जादू से भरा? तो क्यों न आज ही से बल्कि अभी से इस पुस्तक का अध्ययन आरंभ कर दिया जाए?

याद रखें -

सफलता एक यात्रा है, मंज़िल नहीं!

०२

कल्पना की शक्ति

जो कल्पना कर सकते हैं, वे निर्माण करने की क्षमता भी रखते हैं। मैंने तो एक चूहे से शुरुआत की थी।

– वॉल्ट डिज़्नी

दूसरों को कभी अपने सपने की हत्या न करने दें।

– डैक्स्टर येगर, फाउंडर क्राउन अम्बेसेडर

1. क्या वर्तमान नौकरी अथवा व्यवसाय के माध्यम से आप अपने सपने साकार कर सकते हैं?
2. आप क्या और कैसे करते हैं, से अधिक महत्त्वपूर्ण है कि आप उसे क्यों करते हैं।
3. सपने आपके उत्साह की चिंगारी को हवा देने का काम करते हैं।
4. दूसरों के लक्ष्यों पर काम करने से आपके सपने कभी साकार नहीं होंगे। सपने साकार करने हैं तो खुद के लिए काम करना होगा।
5. निरंतर आगे बढ़ते रहने के लिए आपको अपने अंदर छिपे सपने को ढूँढ़ निकालना होगा।
6. अपनी निगाहें लक्ष्य पर जमाए रहें।
7. अधिकतर लोग उतने ही सपने देखते हैं

> *सपने हमारे चरित्र का आईना होते हैं।*
> – थोरो

> *जिसके पास दूरदृष्टि का अभाव है उसका विनाश तय है।*
> – कहावत

जितने पैसे उनकी जेब में होते हैं क्योंकि उनके पास सपने साकार करने के लिए एक अच्छे अवसर का अभाव होता है।

8. यदि आप अपने सपने से प्यार करते हैं तो उसे साकार करने का माध्यम एक-न-एक दिन आपको मिल ही जाएगा।
9. यदि आपको नहीं पता कि आपको क्या चाहिए तो आपको कुछ भी नहीं मिलेगा।
10. सपना नहीं है तो साकार क्या करोगे?
11. अपने 'कारण' को ढूँढ़ निकालो, इससे पहले कि आपका 'कारण' आपको ढूँढ़े।
12. आपको क्या चाहिए - ज्यादा पैसा? मान-सम्मान? सैर-सपाटा? अधिक स्वतंत्रता या फिर कुछ और?
13. आप निराशा का पीछा कर रहे हैं या फिर अपने सपने का?
14. पूरे उत्साह के साथ अपने सपने का पीछा करते रहें।
15. इमरती पर ध्यान दें, उसके छेद पर नहीं।
16. सपना बड़ा है तो परेशानियाँ नज़र नहीं आएँगी।

अति उत्तम की कामना के सामने उत्तम किस काम का?
- जे. बॉब

हालांकि आप कर सकते हैं, परंतु करेगा वही जो शुरुआत करेगा।
- गेटे, जर्मन लेखक

वचन

अपना सपना साकार करने के लिए मैं पूरी जी-जान लगा दूँगा!

०३

सकारात्मक दृष्टिकोण का निर्माण

यदि आपको लगता है कि आप कर सकते हैं, या फिर लगता है कि आप नहीं कर सकते, दोनों ही अवस्थाओं में आप सही हैं।

– हेनरी फोर्ड

लोग उतने ही खुश हैं जितना खुश वे रहना चाहते हैं।

– अब्राहम लिंकन

1. यह आपके लिए उपयोगी है या नहीं, इस बात का फ़ैसला सिर्फ आप कर सकते हैं।
2. अपनी प्रकृति के विरुद्ध व्यवहार करना हमारे लिए असंभव है।
3. एक कांटा निकालने के लिए दूसरे कांटे का ही सहारा लेना पड़ता है।
4. कठिनाई महसूस हो रही हो तो पहले अपना दृष्टिकोण बदलें।
5. आपका दृष्टिकोण ही आपके भाग्य का विधाता है।
6. सफल लोग रोज कुछ-न-कुछ नया सीखते हैं क्योंकि वे जिज्ञासु होते हैं।
7. जैसी संगत वैसी रंगत।
8. हम सभी एक समान योग्यताओं तथा असाधारण बनने के अधिकार के साथ

सफलता की राह में पत्थर मिलें तो उनसे सीढ़ी बना लें।
– एन. लैंडर्स, समाचार पत्र स्तंभकार

दृष्टिकोण कोई मानसिक अवस्था नहीं, यह हमारे मूल्यों की कसौटी है।
– रिच विल्किंस, प्रेरक वक्ता एवं लेखक

जन्मे हैं।

9. कठिन समय में कमज़ोर लोग टूट जाते हैं।

10. दृष्टिकोण, योग्यता से अधिक उपयोगी होता है। यह आपकी कामयाबी की ऊँचाई को सुनिश्चित करता है।

11. जो अंदर जाएगा, वही बाहर आएगा। ईश्वर ने सभी को कम्प्यूटर रूपी दिमाग़ दिया है।

12. आप स्वाभिमानी हैं या अभिमानी, सब कुछ आप ही के हाथों में है।

13. विजेता सदा आगे बढ़ते हैं, वे कभी पीछे मुड़ कर नहीं देखते।

14. कुत्तों की शरण में लम्बे समय तक रहोगे तो काटना और भौंकना भी सीख ही जाओगे। भगवान के लिए नकारात्मक लोगों से दूर रहें।

15. कृतज्ञ बने रहने से शांति, आत्मविश्वास तथा आनंद की प्राप्ति होती है।

16. मुर्गियों के साथ रहकर बाज़ के जैसी ऊँची उड़ान नहीं सीखी जा सकती।

17. सभी उपयोगी हैं - कोई आज, तो कोई कल।

आज आप जो पढ़ते हैं, सुनते हैं तथा जैसे लोगों के साथ उठते और बैठते हैं, कल आप भी वैसे ही बन जाएंगे।
- चार्ली 'ट्रेमंडस' जोन्स

जैसा आप सोचते हैं, वैसे ही बन जाते हैं।
- जेम्स ऐलन

वचन

मैं सदा सीखने, बदलने तथा आगे बढ़ते रहने का प्रण लेता हूँ।

०४

सफलता के सिद्धांत को समझना

कोई महान पैदा होता है, कोई महान बनना चाहता है तो कोई महानता को हासिल करता है ।

– विलियम शेक्सपीयर

सँभल कर क़दम रखने वालों को जीवन में कुछ भी हासिल नहीं होता।

– लॉरेंस थॉमप्सन, एंटरप्रेनर

1. सही अवसर ही हमें सफलता दिलाता है।
2. एक सार्थक लक्ष्य की प्रगतिशील अभिव्यक्ति है, सफलता।
3. बार–बार लगातार किए गए छोटे प्रयास ही एक दिन बड़े बन जाते हैं।
4. सफल लोग अपने भाग्य के विधाता खुद होते हैं।
5. एक सफल आई.बी.ओ. सही व्यक्ति को सही समय पर, सही कारणों के चलते, सही तरीके से सही प्लान दिखाता है।
6. कामयाब लोग वह सब करते हैं, नाकामयाब लोग जो नहीं करते।
7. सफलता एक राह है मंज़िल नहीं।
8. कठिन परिश्रम आपको भाग्यशाली (लकी) बना देता है।

> *सफलता एक अंतहीन सफर है।*
> – विंस्टन चर्चिल

> *ज़रूरतमंदों को काम पर लगाकर ही सफल बना जा सकता है।*
> – डेनिस वेटली, लेखक एवं प्रशिक्षक

9. सफलता आपको सही अवसर के द्वारा मिलेगी, संयोगवश नहीं।
10. अगर सफल होना चाहते हो तो आपको असुविधाजनक स्थिति के साथ तालमेल बैठाना सीखना होगा।
11. जो कल काम करेंगे उन पर अपना आज ख़राब न करें।
12. साधारण तथा असाधारण के बीच थोड़ा ही अंतर है। आप क्या बनना चाहते हैं – आम या ख़ास?
13. सौभाग्य 'चुनाव' से मिलता है, न कि 'संयोग' से।

अधिकतर लोग मायूसी भरा जीवन जी रहे हैं।
– थोरो

पहला क़दम है कामना, यह नहीं तो कुछ भी नहीं।
– नेपोलियन हिल, 'थिंक एंड ग्रो रिच' के लेखक

वचन

किस्मत के भरोसे न बैठकर,
अपने भाग्य का निर्माण मैं स्वयं करूँगा।

०५

दृढ़ता एवं प्रतिबद्धता के साथ प्रयास करना

काम करने में आनन्द आए तो जीने का मज़ा ही कुछ और है। काम जब बोझ बन जाए तो हम गुलाम बन जाते हैं।

– मैक्सिम गोर्की, रूसी लेखक

दृढ़ता के सामने कुछ भी नहीं टिकता-योग्यता भी नहीं, संसार में योग्य लोगों की कमी नहीं है। प्रतिभा भी नहीं, संसार पढ़े-लिखे मूर्खों से भरा पड़ा है। दृढ़ता एवं वचनबद्धता से अधिक शक्तिशाली कुछ भी नहीं, इसलिए जमकर मेहनत करो।

– केल्विन कूलिज

1. अपने 'किन्तु-परन्तु' से बाहर निकलकर काम करें।
2. यह होगा या नहीं, सब आप पर निर्भर करता है।
3. आप समस्या ढूँढ़ेंगे या फिर समाधान?
4. टी.वी. देखने से पी.वी. नहीं बनता।
5. इस व्यवसाय को न करने के दो ही तरीके हैं – या तो इसमें शामिल ही न हों या फिर इसे छोड़ दें।
6. ख़ाली बैठने से अच्छा है, कुछ-न-कुछ करते रहें।
7. उत्पादकता (प्रोडक्टिविटी) के साथ कभी

समझ नहीं आता कि क्यों अधिकतर लोग किसी और की गुलामी करते-करते मर जाना पसंद करते हैं?

– एंजेलो डी'अमिको

समझौता न करें।

8. शुरू ही नहीं करोगे तो ख़त्म क्या करोगे?
9. टी.वी. का अर्थ है, द *वैक्यूम* (निर्वात अथवा शून्य) जो चूसकर दिमाग़ को खा जाता है।
10. यदि आप किसी ऐसे व्यक्ति की तलाश में हैं जिसके कारण आप इस व्यवसाय में कामयाब नहीं हो सके तो वह व्यक्ति आपको आईने में दिखाई पड़ जाएगा।
11. आप या तो पैसा बनाएँगे या बहाने। दोनों का एक साथ बनना संभव नहीं है।
12. आपको खुद ही ठानना होगा।
13. दृढ़ता विरोध को नष्ट कर डालती है।
14. जीतने वाले छोड़ते नहीं और छोड़ने वाले कभी जीतते नहीं।
15. सवाल यह नहीं कि यह बिजनेस चलता है या नहीं, सवाल तो यह है कि आप इसमें चलेंगे या नहीं?
16. अवसर हमेशा परेशानियों की शक्ल में आता है।
17. ऊँची उड़ान भरने से पहले सारे बंधन खोल दें।

मर-मर कर जीना - ये जीना भी कोई जीना है?
- मार्शल फिशविक

सब्र का फल मीठा होता है, ऐसा मानने वालों को बचा-खुचा शेष ही मिलता है।
- अब्राहम लिंकन

सर्वश्रेष्ठ बनना है तो उतनी ही मेहनत भी करनी होगी।
- अरस्तू

वचन

यह मेरा सौभाग्य है कि सपने साकार करने के लिए यह अवसर मुझे मिला।

०६

सिस्टम को अपना काम करने दें

एक बिखरा हुआ घर कभी टिक नहीं सकता।

– अब्राहम लिंकन

सिस्टम ही वह जादू है जो आपके अंदर जीतने की चाहत को ज़िंदा रखता है।

– डैक्स्टर येगर

1. शॉर्ट कट का कोई शॉर्ट कट नहीं होता। सिस्टम ही शॉर्ट कट है।
2. अनुभव सबसे बड़ा शिक्षक है। किसी और के अनुभव से सीखना सबसे बड़ी समझदारी है।
3. सभी जुड़ेंगे, कुछ आज तो कुछ कल।
4. ज़बरदस्ती किसी के पीछे न पड़ें, दुनिया गोल है।
5. आप हमारे बिज़नेस में हैं या नहीं, फिर भी किसी-न-किसी सिस्टम में तो होंगे ही। क्यों न एक बार हमारे सिस्टम को आज़मा कर देखें?
6. हम उत्पाद बेचने के व्यवसाय में नहीं बल्कि लोगों के निर्माण के व्यवसाय में हैं।

सभी स्वर्ग जाना चाहते हैं, परंतु मरना कोई नहीं चाहता।
– जो लुईस, पूर्व बॉक्सिंग चैम्पियन

पेड़ों को उनके फलों से ही पहचाना जाता है।
– संत टिमोथी

7. आपको क्या लगता है, हम इसे सिस्टम क्यों कहते हैं?
8. नई खोजबीन करना बंद करें - बस, नकल करें और दोहराएँ!
9. सिस्टम से जुड़ जाएँ और सिस्टम का पालन करें।
10. छोटे फ़ैसले छोटे सेमिनार्स में तथा बड़े फ़ैसले बड़े सेमिनार्स में लिए जाते हैं।
11. जिस प्रकार पटरी से उतरी ट्रेन कहीं नहीं जाती, उसी प्रकार सिस्टम से बाहर निकला आई.बी.ओ. भी बेकार हो जाता है।
12. बेकार के बहकावे में न आएँ, अपना काम करते रहें।
13. हम हमारे बिज़नेस की सहायता से लोगों का निर्माण करते हैं, लोगों की सहायता से बिज़नेस का नहीं।
14. जो ज्यादा प्लान दिखाएगा, वही जीतेगा।
15. सिस्टम आपके अपलाइन की सफलता को आपकी टीम में डुप्लिकेट करने (दोहराने) का काम करता है।

सेना के आक्रमण को रोका जा सकता है, परंतु विचारों के नहीं।
- विक्टर ह्यूगो, फ्रांसिसी लेखक

प्यार ही सब कुछ है पैसा नहीं, अच्छी बात तो यह है कि मैं पैसे से प्यार करता हूँ।
- अज्ञात

नौ से पाँच बजे की गुलामी से बेहतर है, अपने लिए 24 घण्टे जुटे रहना।
- डैक्स्टर येगर

वचन

मैं सिस्टम में विश्वास रखूँगा तथा उसे अपने लिए काम करने दूँगा।

०७

कर्म करो और फल पाओ

करो या फिर मत करो, परन्तु आज़माओ नहीं।
- योद्धा (स्टार वार्स)

रस्से पर चलने वाला ही खिलाड़ी होता है, बाकी सभी दर्शक।
- कार्ल वालेंडा

1. आज मैं वह सब करूँगा जो अन्य लोग नहीं कर रहे ताकि कल मैं वह सब पा सकूँ जो अन्यों को नहीं मिलेगा।
2. करा गया, कहे गए से अधिक प्रभावशाली होता है।
3. लोग तो कुछ भी कहते हैं। मुद्दे की बात तो यह है कि वे करते क्या हैं?
4. ग़लत बातों की जानकारी न ही रखना उचित है।
5. व्यावहारिक ज्ञान की कमी के चलते ही हम असफल होते हैं।
6. जब आप कोशिश (ट्राई) करना छोड़कर इसे करना शुरू कर देते हैं तो आप तेज़ गति से आगे बढ़ने लगते हैं।
7. ग़लतियाँ वही नहीं करते, जो कुछ भी नहीं करते।
8. आप क्या बनाना पसंद करेंगे - बहाने या

लोगों के कर्म, उनकी सोच का आईना होते हैं।
- जॉन लॉक, राजनेता

आज के गर्भ से कल का निर्माण होता है।
- माइक मरडॉक, लेखक एवं प्रेरक वक्ता

परिणाम? परिणामों की कीमत है, बहानों की नहीं!

9. 80/20 का नियम यहाँ भी लागू होता है। यहाँ 80 प्रतिशत काम 20 प्रतिशत आई.बी.ओ. द्वारा किया जाता है। अतः 20 परसेंटर बनने का प्रयास करें क्योंकि वे ही 80 प्रतिशत पैसा कमाते हैं।

ग़लती नहीं करोगे तो सीखोगे भी नहीं। घर से बाहर निकलो और प्लान दिखाओ।
– जैरी मैडोस, एमवे डायमण्ड

10. हम जो चुनते हैं उसी से हमारा भविष्य बनता है, संयोग से नहीं।
11. यदि आप ठीक ढंग से काम करते रहे तो यह व्यवसाय आपके लिए काम करेगा।
12. जो तैरना जानते हैं, गहराई उनके लिए मायने नहीं रखती।
13. कुशल बनने में अपना समय बर्बाद न करें, प्रभावशाली बनें।
14. अपनी वचनबद्धता को अपने प्रयासों से तौलते रहें। सफलता आपके पीछे-पीछे दौड़ेगी।

लोग आपकी वजह से कुछ नहीं करते। उनकी अपनी वजहें होती हैं।
– डॉन रूज़

15. एक बैठे हुए आई.बी.ओ. को भगाने के मुकाबले, भागते हुए आई.बी.ओ. की दिशा बदलनी आसान है।
16. जिसे नियंत्रित कर सकें उसे नियंत्रित करें, जिसे न कर सकें उसे स्वीकार करें तथा दोनों के भेद को जानना सीखें।

वचन

मैं साहस तथा बहादुरी के साथ पूर्ण प्रयत्न करूँगा।

०८

लोगों से अच्छे सम्बंध बनाना

एमवे व्यवसाय तीन सिद्धांतों पर काम करता है -
मिशन - आगे बढ़ने में लोगों की मदद करना।
मैसेज - मैं कर सकता हूँ तो आप भी कर सकते हैं।
मैथड - तौर-तरीक़े बदलते रहेंगे, परन्तु मिशन तथा मैथड कभी नहीं बदलेगा!

- रिच डे वॉस, एमवे के सह-संस्थापक

मेरे लिए टीम का अर्थ है - टुगेदर एवरीवन अचीव मोर अर्थात् अकेला चना भाड़ नहीं फोड़ सकता, परंतु एकजुट होकर कुछ भी हासिल किया जा सकता है।

- मॅरी लो रिटन, जिमनास्टिक्स में 1984 की स्वर्ण पदक विजेता

1. लोगों को मतलब नहीं कि आप क्या जानते हैं जब तक कि उन्हें नहीं पता कि आप उनकी परवाह करते हैं।
2. इस बिज़नेस को बड़ा बनाने के लिए दिल बड़ा होना चाहिए।
3. निष्कपट लोगों के साथ मित्रता बनाए रखें, ऐसे लोग बहुत कम मिलेंगे।
4. हम लोगों के व्यवसाय में हैं।
5. सेतु निर्माण करें, दीवारें (रुकावटें) नहीं।
6. लोग अपनी वजहों (कारणों) के चलते तेज़ी से काम करते हैं, आपकी नहीं।

अध्यापक तथा मित्र की भूमिका के बीच तालमेल बनाए रखें।
- क्रिस ग्रिप्पो, एमरल्ड

किसी अन्य को प्रसन्न करके ही स्वयं प्रसन्न बना जा सकता है।
- मार्क ट्वेन

7. यहाँ लोग अन्य लोगों की आगे बढ़ने में सहायता करते हैं।

लोगों की वह पाने में मदद करें जो वे पाना चाहते हैं तो आपको वह स्वतः मिल जाएगा जो आपको चाहिए।
– जिग जिग्लर

8. आप अगर किसी को पैसा देते हैं तो आप कुछ समय के लिए उसकी मदद करते हैं, परंतु यदि आप उसे पैसा कमाना सिखा देते हैं तो आपने आजीवन के लिए उसकी मदद की।
9. जब आप कामयाब हो जाएंगे तो आपके मित्र भी इस व्यवसाय में शामिल हो जाएंगे।
10. आवश्यकता पड़ने पर असहमति के साथ भी सहमत बन जाएँ तथा काम करना जारी रखें।
11. जो मुसीबत के समय में काम आए, वही सच्चा मित्र है।
12. ऐसा कोई क़दम न उठाएं जिसके चलते लोगों के साथ-साथ अपनी भी नज़रों में गिरना पड़े।

जो हम कमाते हैं उससे अपनी जीविका चलाते हैं, परन्तु जो हम बांटते हैं वह हमारी प्रतिष्ठा बन जाता है।
– विंस्टन चर्चिल

13. जो लोग आपको पसंद नहीं उन्हें स्पॉन्सर न करें, अन्यथा आपको अपने सपने से हाथ धोना पड़ सकता है।
14. लोगों को सिर्फ प्लान न दिखाएं, उन्हें बताएं कि कैसे वे इस अवसर के माध्यम से अपने सपने साकार कर सकते हैं।

ॐ वचन ॐ

लोगों से मैं स्वयं से अधिक की अपेक्षा अथवा कामना नहीं रखूँगा।

०९

डुप्लिकेशन में जादू है

प्रकाश फैलाना है - या तो दीप बन जाएँ
या फिर दर्पण, जो प्रकाश को प्रतिबिम्बित करता है।
- एडिश व्हार्टन, लेखक

मैं स्वयं के सौ प्रतिशत की जगह, सौ लोगों का
एक-एक प्रतिशत लेना अधिक पसंद करूंगा।
- जे. पॉल गेट्टी, अरबपति

1. तरकीब के साथ कड़ी मेहनत करें।
2. यदि आप वह सब करते हैं जो एक सफल आई.बी.ओ. करता है तो परिणाम स्वरूप आपको भी वह सब मिलेगा जो उसे मिलता है।
3. आप जो कुछ भी करेंगे - अच्छा या बुरा - आपकी टीम भी उसी को दोहराएगी।
4. डुप्लिकेशन के लिए जरूरी है - हर चीज़ को आसान बनाएँ ताकि सभी इसे समझ सकें।
5. डुप्लिकेशन आपको समय एवं धन, दोनों एक साथ बनाने का अवसर प्रदान करता है।
6. क्या आप इस योग्य हैं कि लोग आपको कॉपी करें?

> *नेटवर्किंग इस सदी का सबसे बड़ा व्यवसाय है।*
> - सक्सेस पत्रिका, मई 1993

> *टीम-वर्क काम के बोझ को कम तो करता ही है, साथ ही सफलता के परिमाण में वृद्धि भी करता है।*
> - अज्ञात

7. आपकी टीम (दल) में 20 लोग बिल्कुल आपके जैसे पैदा हो जाएँगे, तब क्या होगा?
8. अपना समय बेचकर धन कमाने वाले कभी अमीर नहीं बनते।
9. यह व्यवसाय एक सर्व साधारण (आम) आदमी को असाधारण पैसा बनाने का मौक़ा उपलब्ध कराता है।
10. इस व्यवसाय में आप पैसे के साथ-साथ समय भी बना पाएँगे।
11. यहाँ विड्थ (चौड़ाई) आपको लाभ तथा डेप्थ (गहराई) सुरक्षा उपलब्ध कराते हैं। दोनों का तालमेल बैठाते हुए आगे बढ़ें।
12. एक पैसे को यदि एक महीने तक रोज़ डबल (दोगुना) किया जाए तो तीसवें दिन 50 लाख रुपये से भी अधिक बनता है। आपको क्या चाहिए?
13. इस व्यवसाय में शामिल न होने का कोई कारण नहीं हो सकता।
14. नेटवर्किंग पर ध्यान दें, आमदनी अपने आप बढ़ेगी।
15. नेटवर्किंग में आपकी आमदनी आपके प्रदर्शन पर निर्भर करती है, आपकी स्थिति अथवा पद पर नहीं।
16. यहाँ बहुत सारे लोग थोड़े-थोड़े उत्पाद ख़रीदते, उपयोग करते एवं आगे बढ़ाते हैं तथा अन्य लोगों को भी ऐसा ही करना सिखाते हैं।

> *जो नए उपाय नहीं खोजता, नुकसान उसे खोज निकालता है।*
> – फ्रांसिस बेकन, कवि तथा नाटककार

> *एकजुट होना शुभारंभ है, साथ बने रहना प्रगति तथा मिलकर आगे बढ़ना सफलता है।*
> – हेनरी फोर्ड

> *हे प्रभु, उस व्यक्ति से मुझे बचाकर रखना जो कभी ग़लती नहीं करता और उस व्यक्ति से भी जो ग़लतियाँ दोहराता रहता है।*
> – डॉ. डब्ल्यू. जे. मायो, मायो क्लीनिक के सह-संस्थापक

17. यह एक सीधा-सरल व्यवसाय है। अपना दिमाग़ लगाकर इसे जटिल न बनाएँ।
18. क्या यह आजीवन अपना समय बेचकर पैसा कमाने से अधिक उपयोगी साधन नहीं?
19. यहाँ आप और आपकी टीम जितना अच्छा प्रदर्शन करेंगे, उतना ही अधिक पैसा बनाएँगे। अच्छे प्रदर्शन के लिए एक अच्छी टीम अथवा दल का होना ज़रूरी है।
20. अधिकतर लोग इस बात का अनुमान नहीं लगा पाते कि एक से पाँच सालों में वे इस व्यवसाय से कितना पैसा बना सकते हैं?
21. कुछ भी नया करने से पहले अपने अपलाइन की सलाह अवश्य लें।

अगर आपने नेटवर्किंग नहीं किया तो कुछ भी नहीं किया।
– बिलि लिम, 'डेयर टु फेल' के लेखक

वचन

आज के बाद मैं स्वयं के अतिरिक्त किसी अन्य पर सन्देह नहीं करूँगा।

१०

नेतृत्व की चुनौतियाँ स्वीकार करना

संचालन खुद नहीं करेंगे तो जीवन का नज़ारा भी नहीं बदलेगा।

- लुईस ग्रिजायर्ड, स्तंभकार

जो स्वयं को नायक मानते हैं, अगर उनका कोई अनुसरण नहीं करता तो फिर वे कैसे नेता?

- जॉन मैक्सवेल, लेखक एवं प्रशिक्षक

1. एक टीम की रफ़्तार उसके नायक की रफ़्तार पर निर्भर करती है।
2. नेतृत्व करें अथवा अनुसरण करें, नहीं तो रास्ते से हट जाएं।
3. जो आप नहीं करते, वह किसी अन्य को करने के लिए कैसे कह सकते हैं?
4. सदैव डायमण्ड्स (इस व्यवसाय के सफल लोग) के जैसा बनने का प्रयास करें।
5. सदैव लोगों को, उत्पादों को, मीटिंग तथा सेमिनार्स को, सिस्टम को, कम्पनी को, अपने अपलाइन को तथा अपनी टीम को बढ़ावा दें, क्योंकि सबसे अच्छे प्रमोटर ही सबसे बड़े नेटवर्कर होते हैं।
6. बॉस आदेश देता है, परंतु एक लीडर स्वयं करके दिखाता है।
7. लोगों का उत्साह बढ़ाएँ, उनकी निन्दा न

> *हममें से अधिकतर लोग तो ऐसे हैं जिन्हें धकेलकर ही आगे बढ़ाना पड़ता है।*
> - जैक हर्बर्ट

> *समाधान न ढूँढ़ पाना खुद में एक सबसे बड़ी समस्या है।*
> - अफ्रीकी कहावत

करें।

8. आपको तीन तरह के लोग मिलेंगे - एक तो वे जो आज इसे करेंगे, दूसरे वे जो कल इसे करेंगे तथा तीसरे वे जो इसे छोड़ते और करते रहेंगे।

यदि मैं सफल लोगों की संगत से दूर रहूँगा तो मेरा असफल होना निश्चित है।
- जॉन कीट्स, ब्रितानी कवि

9. बंद घड़ी भी दिन में दो बार ठीक समय दिखाती है।

10. यदि आप 10 अरब डॉलर वाले व्यवसाय के बारे में बात करने जा रहे हैं तो अपना पहनावा भी उसी हिसाब से चुनें।

11. नेतृत्व बहुत कम लोग करेंगे, परंतु याद रखें नायक ही सबसे अधिक पैसा बनाते हैं!

12. किसी को नायक (लीडर) बनाने के मुकाबले उसे ढूँढ़ना अधिक आसान है, और आप यहाँ दोनों काम कर सकते हैं।

नायक वह होता है जो यह जानता है कि आगे क्या करना है, क्यों करना है और कैसे करना है!
- बॉब बहल, लेखक एवं व्यवसायिक सलाहकार

13. जो काम नहीं करता उसे जगाने से बेहतर है, एक नए आई.बी.ओ. को ढूँढ़ना।

14. बॉस सिर्फ आदेश देता है, परंतु एक लीडर साथ मिलकर काम करता है।

15. जो बड़ा बिज़नेस खड़ा कर सकें, ऐसे नायकों को खोजें या फिर बड़ा बिज़नेस खड़ा कर उसमें नायकों को ढूँढ़ें।

16. किसी सोए हुए व्यक्ति को वही जगा सकता है जो स्वयं जागा हुआ हो।

वचन

मैं अपनी टीम को सकारात्मकता एवं कुशलता के साथ आगे बढ़ाऊँगा।

११

व्यक्तित्व विकास की नींव

विचारों को बदलकर, किस्मत को बदला जा सकता है।
- डॉ. नार्मन विंसेट पील

जब मैं छोटा था तब मैं बच्चों की तरह सोचा करता था। अब मैं बड़ा हो गया हूँ, मेरी सोच भी परिपक्व हो गई है।
- बाइबल

1. यदि आप वही सब करते रहे जो आप कर रहे हैं तो आपको एक जैसे परिणाम मिलते रहेंगे।
2. छोड़-पकड़ नहीं करोगे तो आपका जीतना तय है।
3. आप नहीं चुनोगे तो कोई आपको चुन लेगा।
4. अपने भाग्य का फ़ैसला आप स्वयं नहीं करेंगे तो कोई और करेगा।
5. आज के आर्थिक उतार-चढ़ाव के समय में क्यों न आमदनी के एक से अधिक विकल्पों को साथ लेकर चला जाए?
6. बदलाव के लिए आपको बदलना होगा। बेहतर के लिए आपको और बेहतर बनना होगा।
7. खोया हुआ सम्मान लौटकर कभी वापस

असफलता से कुण्ठा का तथा कुण्ठा से सफलता का जन्म होता है।
- केनी स्टीवर्ट, क्राउन

जी जान लगाकर मेहनत करें, ईश्वर सब ठीक करेगा।
- जे. बॉब, लेखक

नहीं आता।

8. मैं ऐसे बहुत सारे डॉक्टर्स, इंजीनियर्स तथा वकीलों को जानता हूँ जो डायमण्ड बनना चाहते हैं, परंतु एक भी डायमण्ड डॉक्टर, इंजीनियर अथवा वकील नहीं बनना चाहता।

> *रास्ता नहीं मिलता हो तो स्वयं बना लो।*
> – हैनिबल, सेनाध्यक्ष

9. अपना फ़ैसला ग़लत लगे तो शिकायत करने के बजाय उसे बदल डालें!
10. कुछ न सोचकर कुछ भी न हासिल करने से बेहतर है, कुछ सोचकर बहुत कुछ हासिल किया जाए।
11. स्वयं को ढूँढ़ें नहीं बल्कि स्वयं का निर्माण करें।
12. जो आगे नहीं बढ़ता, वह व्यक्ति मृत समान है।
13. मनोवांछित परिणाम नहीं मिल रहे हों तो अपनी कार्यप्रणाली में सुधार करें।
14. इससे कोई फर्क नहीं पड़ता कि आप क्या करते हैं, परंतु वह करते-करते आप जो बन जाते हैं, वह अधिक महत्त्वपूर्ण है।

> *राह में कांटे आएँ तो उन्हें चुन लो।*
> – योगी बेरा, सुप्रसिद्ध बेसबॉल खिलाड़ी

वचन

मैं हर रोज़ कल से अधिक बेहतर इंसान बनूँगा।

१२

लक्ष्य तैयार करना और उसे हासिल करना

स्वयं को अपनी क्षमता से कम आंकोगे तो सदैव अप्रसन्न रहोगे।

– अब्राहम मेस्लो, लेखक तथा मनोवैज्ञानिक

यदि आपको नहीं पता कि आपको जाना कहाँ है तो आप कहीं नहीं पहुँचेंगे।

– योगी बेरा, सुप्रसिद्ध खिलाड़ी

1. छोटे-छोटे क़दमों से मिलकर ही बड़े क़दम तैयार होते हैं।
2. यदि आपको वह चाहिए जो आपको पहले कभी नहीं मिला तो आपको वह करना होगा जो आपने पहले कभी नहीं किया।
3. यदि आप यह जानते हैं कि आपको क्या और क्यों चाहिए तो बस आपका वह करना ही शेष रह जाता है, जिसे करने से वह सब मिलेगा।
4. कामनाओं का न होना इस बात का सूचक है कि आपकी समस्त इच्छाएँ पूरी हो चुकी हैं।
5. ध्यान रहे, आपकी निगाहें पुरस्कार पर रहें, उसकी कीमत पर नहीं।

यदि आप कामयाब नहीं हो रहे हैं तो अपनी गति पर ध्यान दें।
– एम. एच. अलडर्सन

बड़े काम लगे रहने से ही संभव होते हैं।
– सैमुअल जॉनसन, लेखक

6. जिसे सब मिल गया हो उसे और क्या चाहिए?
7. कल की योजना के साथ आज में जिएँ।
8. योजना नहीं बनाते इसलिए लोग असफल हो जाते हैं।
9. हम जो चाहते हैं हमें वही मिलता है। अतः इस विषय में सावधान रहें।
10. पहले योजना (प्लान) तैयार करें, फिर उसी के अनुसार काम करें।
11. चिंता न करें यदि आपको *कुछ नहीं* चाहिए तो आपको *कुछ नहीं* मिलेगा।
12. कामयाब लोग स्वयं के विकास में भी उतना ही समय लगाते हैं जितना कि अपने व्यवसाय के निर्माण में।
13. जो अधिक प्लान दिखता है, वही जीतता है!
14. प्लान दिखाने की योजना तैयार करें।
15. बिना लक्ष्य बनाए काम करना, आंख बंद करके निशाना लगाने जैसा है।

> *अधिकतर लोग 25 की उम्र में ही मर जाते हैं क्योंकि वे सपने देखना छोड़ देते हैं।*
> – बेंजामिन फ्रेंक्लिन

> *यदि आपको लगता है कि छोटे होने के कारण आप असरदार नहीं हैं तो आपको मच्छरों से भरे कमरे में सोकर देखना चाहिए।*
> – अनिता कोडिक

वचन

हर रोज़ छोटी-छोटी योजनाओं पर काम करके मैं बड़े-बड़े लक्ष्य हासिल करूँगा।

१३

सीखना और आगे बढ़ना

आज हम ज़रूरत से अधिक ज्ञानी हैं, लेकिन समझदार नहीं।

– अज्ञात

एक समय था जब आइंस्टीन की माँ अपने पुत्र की तुलना में बहुत अधिक जानती थी।

– मार्गरीट केली

1. हमारा दिमाग़ एक पैराशूट की भांति है, जो खुलने पर बखूबी काम करता है।
2. यहाँ जान लो – तुम्हें नहीं पता जो तुम नहीं जानते।
3. बुद्धिमान खोज-बीन करता है जबकि मूर्ख आसानी से मान लेता है।
4. फ्रांसिस बेकन ने कहा था – ज्ञान में बड़ी शक्ति है, परंतु हम कहते हैं – जिसे उपयोग में न लाया जाए ऐसी शक्ति किस काम की?
5. हम 21वीं सदी में आ गए, कॉमनसेंस अभी तक कॉमन – सामान्य नहीं है।
6. सही निर्णय अनुभव से आते हैं तथा अनुभव ग़लत निर्णयों से।
7. सिस्टम से बेहतर अध्यापक कोई नहीं है।

ज्ञान से नाता जोड़ लो, आपको सब कुछ मिल जाएगा।
– बाइबल

ज़रूरी नहीं कि जो हमें ज़रूरी लगता है वह सभी के लिए ज़रूरी हो।
– बर्टन हिलिस, हास्य लेखक

8. दिमाग़ पर अनावश्यक बोझ न डालें। काग़ज और क़लम किसलिए बने हैं? सब कुछ लिख डालें!
9. यह सीखने और सिखाने का बिज़नेस है।
10. सफलता सही निर्णय के बाद आती है, और सही निर्णय ग़लत अनुभवों से।
11. सेवा करने वालों को ही मेवा मिलता है।
12. ज्ञान की कमी के चलते डर पैदा होता है।
13. आप जितना अधिक सीखेंगे उतना ही अधिक पैसा बनाएँगे।
14. 'आ बैल मुझे मार' वाली स्थिति में भी शांत तथा नम्र बने रहें।
15. ज़रूरतों और सपनों में बहुत फ़र्क होता है।

जो हमें सिखाया जाता है, वह हम करके सीखते हैं।
– अरस्तू

एक दीए से दूसरा दीया जलाने पर पहले दीए की रौशनी कम नहीं हो जाती।
– मदर टेरेसा

वचन

मैं टेप्स तथा सी.डी. सुनूँगा, किताबें पढ़ूँगा, मीटिंग्स तथा सेमिनार्स में जाऊँगा, अपने अपलाइन के संपर्क में रहूँगा तथा लगातार सीखता रहूँगा।

१४

विफलता के भय से छुटकारा

कुछ वर्ष पहले डरते-डरते मैंने एक ऐसा रास्ता चुन लिया जिस पर बहुत कम लोग जाते थे। परिणामस्वरूप, मेरी ज़िंदगी बदल गई।

– रॉबर्ट फ्रॉस्ट, द रोड नॉट टेकन

अभी मुझे बहुत कुछ साबित करना है।
बेख़ौफ़ जीवन जीना उनमें से एक है।

– ओपरा विनफ्रे

प्रेम, शक्ति तथा स्वस्थ मन हमें ईश्वर के वरदान हैं, परंतु भय नहीं।

– टिमोथी

1. विजेता कभी छोड़ते नहीं और छोड़ने वाले कभी जीतते नहीं।
2. असफलता कभी निर्णायक नहीं होती, परंतु छुटकारा सदैव निर्णायक होता है।
3. भय का अर्थ है, असफलता का डर।
4. विफलता कभी आपको असफल नहीं बनाती, बल्कि छुटकारा बनाता है।
5. पुरुषार्थ करके ही भय से मुक्ति पाई जा सकती है।
6. आप कहते हो, वह कभी असफल नहीं हुआ, परंतु मैं कहूँगा कि उसने कभी प्रयत्न ही नहीं किया।

असंभव शब्द मूर्खों की शब्दावली में पाया जाता है।
– नेपोलियन बोनापार्ट

असफल होने का डर साहस की हत्या कर देता है।
– अमिताभ बच्चन, अभिनेता

7. हम कभी असफल नहीं होते। असफल तो हमारे प्रयास होते हैं।

8. जंग खा कर सड़ने से बेहतर है, घिस-घिस कर समाप्त हो जाना।

9. असफल होने में कैसी शर्म? अपमानजनक तो प्रयास ही न करना है।

10. डरने वाली चीज़ तो स्वयं डर है।

11. अपनी परेशानियाँ ईश्वर को सौंप दो, क्योंकि उसे आपकी परवाह है।

12. कल की योजना के साथ आज में जिएं।

13. भय को डराकर ही डर पर काबू पाया जा सकता है।

14. विश्वास का उल्टा डर होता है, न कि संदेह अथवा अविश्वास।

15. बाइबल में सैकड़ों बार लिखा है - भय मुक्त बनिए!

16. भय अविश्वास की झूठी बुनियाद पर टिका होता है।

असफलता अंत नहीं, और छोड़ देना समस्या का स्थाई समाधान नहीं है।
- रिचर्ड निक्सन

विलम्ब हमारी प्रेरणा को निगल जाता है। अपने सपने पर डटे रहें।
- डेविड डी'अमिको

वचन

मैं अपने जीवन का प्रत्येक क्षण पूरे साहस, आस्था तथा उत्साह के साथ जीऊँगा।

१५

समय एवं धन की तलाश

जो कहता है कि उसे पैसे में कोई दिलचस्पी नहीं है,
वह अन्य चीज़ों के बारे में भी झूठ बोलेगा।
– जिग जिग्लर

याद वही किया जाएगा जिसके इरादे तो नेक हों ही
साथ ही उसके पास बहुत सारा पैसा भी हो।
– मार्गरेट थैचर

1. पैसे से खुशियाँ तो नहीं ख़रीदी जा सकतीं, परंतु खुशियों की चाबी ज़रूर ख़रीदी जा सकती है।

धन की चाहत समस्त अपराधों की जननी है।
– पुरानी कहावत

2. दिवालिया होने पर समझ आ जाता है कि धनवान बनना कितने फ़ायदे का सौदा है।
3. थोड़े पैसे से आप थोड़े खुश हैं तो बहुत पैसे से बहुत खुश होंगे।
4. सिर्फ जीवित रहने के लिए जीने के बजाय जीवन को सँवारना अधिक अच्छा है।
5. धनी बनना सबसे बड़ा प्रतिशोध है।

धनाभाव सभी बुराइयों की जड़ है।
– जॉर्ज बर्नार्ड शॉ, ब्रितानी कवि एवं नाटककार

6. पैसा सबसे अच्छा सेवक, परंतु सबसे बुरा स्वामी है।
7. अतिरिक्त पैसे का आप क्या करोगे – इकट्ठा करोगे? किसके लिए? या फिर खर्च करोगे? किसके ऊपर?

8. पैसा हमें फ़िज़ूल की चीज़ें ख़रीदने योग्य तो बनाता ही है, साथ ही हमें उन लोगों से दूर रह पाने की स्वतंत्रता भी उपलब्ध कराता है जिन्हें हम पसंद नहीं करते हैं।

धन छठी इंद्री के समान है जिसके अभाव में बाकी की पाँच इंद्रियाँ भी काम करना बंद कर देती हैं।
– समरसेट माघम, ब्रितानी लेखक

9. जितना अधिक धन, जीवन में उतने अधिक विकल्प।
10. जो लोग बहाने बनाते हैं वे कभी पैसा नहीं बना पाते।
11. दरिद्रता के चलते प्रेम उड़न-छू हो जाता है।
12. आमदनी अठन्नी और ख़र्चा रुपैया है तो अच्छे-अच्छों का पतन हो जाता है।

लोगों को अगर यह बताना पड़े कि आप धनी हैं तो आप धनी नहीं हैं।
– डैक्स्टर येगर

13. महीने के अंत में कुछ पैसा बच जाए यह अच्छा है या फिर दस तारीख़ के बाद अगली एक तारीख़ की प्रतीक्षा करना?
14. अधिकतर लोग पुराने तरीक़े से पैसा बनाते हैं, वे पैसों के लिए काम करते हैं।

वचन

मैं पूरे विश्वास के साथ पुरुषार्थ करूँगा तथा वह सब करूँगा, सफल होने के लिए जो भी ज़रूरी है।

१६

विश्वास का निर्माण

विश्वास करने वाला एक व्यक्ति उन सभी पर भारी है जिन्हें सिर्फ दिलचस्पी है।

– जॉन स्टुअर्ट मिल

जानने से पहले मानना होगा।

– डॉ. वेन डायर, मनोविज्ञानी

1. बाइबल के अनुसार – जो जैसा सोचता है, वैसा ही बन जाता है।
2. यदि आप सोचते हैं कि आप कर सकते हैं या फिर आप नहीं कर सकते, दोनों ही बातें सही हैं।
3. आपकी बुद्धि जिसकी कल्पना कर सकती है, मन उस पर विश्वास कर सकता है तो आप उसे हासिल कर सकते हैं।
4. बहानेबाजी इस बात का सूचक है कि आपको अपनी कुशलता पर संदेह है।
5. कुछ लोग करेंगे, कुछ नहीं, इससे क्या फर्क पड़ता है? कहीं-न-कहीं छह लोग इसे करेंगे और आप डायमण्ड बन जाएंगे।
6. इस व्यवसाय को समझने के लिए इसे जीना पड़ता है।
7. दिल से किया जाए तो कोई भी काम कठिन नहीं लगता।

अविश्वास के साथ ईश्वर की शरण में जाओगे तो कुछ भी न मिलेगा।

– बाइबल

विश्वास हमें यकीन दिलाता है कि आने वाला कल और भी बेहतर होगा।

– टीबलस

8. यदि भविष्य पर भरोसा नहीं है तो आज में भी जीना दूभर हो जाता है।
9. भय के दूर होने पर विश्वास का जन्म होता है।
10. सिस्टम पर विश्वास रखें। यह आपकी सफलता की गति को बढ़ाने में सहायक सिद्ध होगा।
11. दूसरे लोगों की शुरुआत कराने से पहले आपको स्वयं इसे शुरू करना होगा।
12. दूरदृष्टि, सादगी एवं सरलता के साथ आगे बढ़ते रहें।
13. बाइबल में लिखा है - सुनने और पढ़ने से विश्वास बढ़ता है।
14. सफल होने से आत्मविश्वास बढ़ता है तथा आत्मविश्वास बढ़ने से व्यक्ति सफल होता है।
15. आपको विश्वास तो करना ही होगा।
16. कठिन समय में कमज़ोर लोग टूट जाया करते हैं।
17. भरोसा नहीं करोगे तो टिकना और आगे बढ़ना मुश्किल बन जाएगा।

> *विश्वास के बल पर अनदेखे - अनजाने का भी अनुभव किया जा सकता है।*
> - हिब्रू 11:1

> *विश्वास करो जीवन जीने योग्य है और ऐसा हो जाएगा।*
> - विलियम जेम्स, लेखक

> *मैं युद्ध जीत सका क्योंकि मुझे विश्वास था।*
> - टिमोथी

वचन

मैं स्वयं में, इस व्यवसाय में तथा एजूकेशन सिस्टम पर भरोसा करूँगा।

सम्पर्क करना

भाग 2

१७

आगे बढ़ो, डर के आगे जीत है!

अगर लोगों के साथ काम नहीं करना होता
तो मैं इस व्यवसाय को कर सकता था।
- एक कुंठित आई.बी.ओ.

खुद को बेहतर बनने से रोकने का अर्थ है,
अपनी बदकिस्मती को दावत देना।
- ऑलिवर क्रॉमवैल, ब्रितानी राजनेता

लोगों से बात करें

हमारे व्यवसाय में दो ही तरह के लोग होते हैं - एक तो वे, जो उत्पादों को आगे बढ़ाते हैं तथा दूसरे वे, जो व्यवसाय का निर्माण करते हैं, जिन्हें 'बिज़नेस बिल्डर' कहा जाता है। और अगर आप एक बिज़नेस बिल्डर बनना चाहते हैं तो आपको रोज़ाना नए-नए लोगों से बात करनी होगी।

बात करते समय, लोगों पर अनावश्यक दबाव न डालें। अचानक किसी अजनबी को कोने में ले जाकर आप चिल्लाकर उससे यह नहीं पूछ सकते - *"क्या आप अमीर बनना चाहते हैं?"*

तैयार संभावित ग्राहक

नए लोगों से बात करते समय आपका एकमात्र उद्देश्य होना चाहिए - उनसे आपका परिचय, उन्हें भरोसा दिलाना कि हम मित्र हैं, विश्वास

बनाना तथा बिज़नेस कार्ड्स अथवा फ़ोन नम्बर्स का आदान-प्रदान करना ताकि एक-दो हफ़्ते के अंदर उनसे पुनः संपर्क किया जा सके।

हमेशा नए-नए लोगों से बात करने के मौक़े तलाशते रहें। बैंकों की कतार में, बच्चों के स्कूल के स्वागत कक्ष में, क्लीनिक के प्रतीक्षालय में, वकील के यहाँ, मंदिरों अथवा गिरजाघरों में . . . !

लोगों से क्या कहें?

यदि आप नहीं जानते कि लोगों से क्या कहा जाए तो FORM - Family, Occupation, Recreation and Money विधि का प्रयोग करें।

याद रखें, लोगों से बातचीत तथा सवाल-जवाबों का एकमात्र उद्देश्य है, उनका साक्षात्कार तथा इस बात का पता लगाना कि वे आपके बिज़नेस सहयोगी बनने के लायक हैं भी या नहीं। क्या आप मानसिक रूप से अस्वस्थ, कड़वी तथा नकारात्मक सोच वाले लोगों को प्लान दिखाना पसंद करेंगे? मैं तो बिल्कुल नहीं!

अधिक जानकारी के लिए भाग-4 *योग्यता की जांच* का अध्ययन अवश्य करें। इसमें दिए गए सवालों के द्वारा आप कठोर-से-कठोर संभावित ग्राहक तक को पिघला सकते हैं। और अधिक जानकारी प्राप्त करने के लिए हमारी पुस्तक *नेटवर्क मार्केटिंग आई.बी.ओ. फील्ड गाइड* का अध्ययन अवश्य करें।

FORM विधि वाले सवाल

FAMILY घर परिवार

1. क्या आप शादीशुदा (विवाहित) हैं? शादी को कितना समय हो गया? आपके जीवन साथी का नाम जान सकता हूँ?

2. आपके कितने बच्चे हैं? उनके क्या नाम हैं? उनकी उम्र कितनी है? वो आपको काफ़ी व्यस्त रखते होंगे?

3. आप कहाँ के रहने वाले हैं? यहाँ कितने वर्षों से रह रहे हैं? आपका बचपन कहाँ गुज़रा?

4. यहाँ आप कहाँ रहते हैं? क्या आपको वह जगह पसंद है या कहीं और शिफ़्ट होने के बारे में सोच रहे हैं?

OCCUPATION नौकरी अथवा व्यवसाय

1. आप क्या काम करते हैं? आपके जीवन साथी क्या करते हैं? मैंने सुना है (कम्पनी अथवा उद्योग का नाम) .... वहाँ काम करने वाले लोग काफी पैसा तो बनाते ही हैं, साथ ही आरामदायक जीवन भी जीते हैं? (*रुक कर जवाब की प्रतीक्षा करें - अधिकतर मामलों में उनका जवाब नकारात्मक ही होगा।*)

2. आप कितने वर्षों से वहाँ काम कर रहे हैं? आपने इसे ही क्यों चुना?

3. आपको यह काफ़ी पसंद होगा, नहीं?

4. क्या आपने कभी कुछ और करने के बारे में सोचा है, जैसे कि खुद का बिज़नेस?

5. क्या आपके व्यवसाय पर कभी मंदी का असर पड़ा है?

RECREATION मन-बहलाव

1. मनोरंजन के लिए आप क्या करते हैं?

2. आपके शौक़ (रुचि) क्या हैं? तैराकी? मछली पकड़ना? शिकार खेलना? घुड़सवारी? गोल्फ़ खेलना? फुटबॉल खेलना? किताबें पढ़ना? सैर-सपाटा?

3. छुट्टियाँ मनाने आप कहाँ जाना पसंद करते हैं? इस वर्ष छुट्टियों में कहाँ जाने की योजना है?

4. मनोरंजन के लिए आप कौन-सा वाहन चलाना पसंद करते हैं? नौका? गो कार्ट? मोटर साइकिल? एयरप्लेन?

5. जीवन में आगे क्या करने का इरादा है?

MONEY रुपया-पैसा

1. क्या आप अपनी ज़रूरत के मुताबिक़ पैसा बना लेते हैं?

2. लगता है, आप काफ़ी पैसा बना लेते हैं - क्या अपने शौक़ पूरे करने का समय निकाल पाते हैं?

3. यदि समय एवं धन पर्याप्त हों तो आप क्या करना पसंद करेंगे?

4. यदि आपकी लॉटरी लग जाए या फिर आपको कोई गुप्त ख़ज़ाना मिल जाए तो आपके जीवन में क्या बदलाव आ सकता है?

5. क्या आपने अतिरिक्त आय बनाने के किसी अन्य साधन के बारे में कभी सोचा है?

6. वर्तमान व्यवसाय के द्वारा क्या आपके सभी सपने पूरे हो सकते हैं?

नोटः *सवाल-जवाब करते समय पूर्णतः सहज रहें तथा मुस्कुराते रहें।*

आख़िरी सवाल

FORM विधि के पूरा हो जाने पर नीचे दिए गए सवाल के साथ समापन करें। मेरा दावा है कि यह आपके लिए फ़ॉलो-अप कॉल का द्वार अवश्य खोलेगा -

राज (एक काल्पनिक नाम), क्या मैं आपसे एक सवाल पूछ सकता हूँ - क्या आप अतिरिक्त आय बनाने के किसी अच्छे विकल्प के बारे में जानते हैं? (*अधिकतर लोगों का जवाब होगा - नहीं*)। ठीक है, राज! यदि आपको पता चले तो मुझे भी ज़रूर बताना। क्या मुझे आपका बिज़नेस कार्ड मिल सकता है? (*यदि उनके पास बिजनेस कार्ड नहीं हो तो उनका फ़ोन नम्बर तथा अन्य विवरण अपने पास नोट कर लें तथा यह कहते हुए उन्हें अपना बिज़नेस कार्ड दें* - ठीक है, राज! आपसे बातें करके अच्छा लगा। यह मेरा बिजनेस कार्ड है, इस पर मेरा नम्बर लिखा है। ज़रूरत पड़ने पर आप मुझे कभी भी याद कर सकते हैं, फिर मिलेंगे।

अब आप उन्हें 8-10 दिनों के अंतराल के बाद कभी भी फ़ॉलो-अप कॉल कर सकते हैं। बिज़नेस के शुरुआती दिनों में 5-10 लोगों के साथ प्रतिदिन इसी प्रकार की बातचीत के द्वारा आपके पास ऐसे लोगों के नाम व नम्बर पर्याप्त मात्रा में होंगे जिनकी सहायता से

आप अपने अगले कदम की ओर सरलता के साथ आगे बढ़ सकते हैं। याद रखें, किसी से पूर्व परिचय हो जाने के बाद फॉलो-अप कॉल करना बहुत ही आसान हो जाता है।

आरंभिक व्यवस्था

बिज़नेस में आने के बाद स्वाभाविक ही आप अपने मित्रों एवं रिश्तेदारों को इसके बारे में बताना पसंद करेंगे। ऐसे में मेरा आपको सुझाव है कि आप उन्हें एक-दो हफ़्ते पहले ही कॉल करके उनके मन में उत्सुकता को जगा दें। उदाहरण के लिए -

हैलो राज, कैसे हो? मैं अरूण बोल रहा हूँ। घर में सब कैसे हैं? बच्चे ठीक हैं?

सुनो राज, अभी मैं थोड़ा जल्दी में हूँ। मुझे ज़रूरी काम से बाहर जाना है, परंतु मैं तुम्हें बताना चाह रहा था कि हाल ही में मैंने एक ज़बरदस्त बिज़नेस प्रोजेक्ट देखा है, जिसमें बहुत सारा पैसा बनाया जा सकता है। मैं तुमसे पूछना चाहता हूँ कि क्या तुम भी समय निकालकर इसे देखना पसंद करोगे?

राज : यह क्या है?

राज, अभी मैं थोड़ी जानकारी और ले लूँ फिर तुम्हें इसके बारे में विस्तार से बताऊंगा। राज, क्या मैं तुम्हें अगले हफ़्ते कॉल करूं? चलो ठीक है, फ़ोन रखता हूँ। चाची जी को मेरी नमस्ते कहना। अपना और बच्चों का ध्यान रखना, नमस्कार।

मिलने का समय निश्चित करना

जब आप लोगों को स्पॉन्सर करने की अवस्था में आ जाएँ तब उन्हें दोबारा कॉल करें -

राज, कैसे हो? याद है, कुछ समय पहले मैंने तुम्हें बताया था कि मैं एक बिज़नेस प्रोजेक्ट पर काम कर रहा हूँ? थोड़ी और जानकारी लेने पर मुझे पता चला कि अगर साथ मिलकर काम किया जाए तो तुम भी इसमें अच्छा पैसा बना सकते हो।

राज, इस पर चर्चा करने के लिए हम मंगलवार को मिल सकते हैं

या फिर शुक्रवार को, आपके लिए कौन-सा दिन ठीक रहेगा? तो फिर ठीक है, हम शुक्रवार शाम 8:00 बजे मिलते हैं। मेरी पत्नी सिंडी भी मेरे साथ रहेगी। एक-एक कप कॉफ़ी पिएँगे और इस पर चर्चा करेंगे, नमस्कार!

रहें तैयार!

जब आप लोगों से बातचीत करेंगे तो लोग आपसे तरह-तरह के सवाल करेंगे। उनके जवाब देने के लिए तैयार रहें। लोगों को प्लान देखने के लिए बुलाने से पहले पुस्तक के भाग-5 में दिए गए सवाल-जवाबों का अध्ययन अवश्य कर लें।

वचन

लोगों के सवालों के सही जवाब देने के लिए मैं अध्ययन तथा अभ्यास करूँगा ताकि सही हाव-भाव तथा पूरे विश्वास के साथ प्लान दिखा सकूँ।

निमंत्रण

भाग 3

१८

आमंत्रित करना

एक बार कॉन्टेक्टिंग तथा इनवाइटिंग की कला में महारथ हासिल कर लेने पर यह व्यवसाय बहुत ही आसान बन जाता है।

– टैरी मैकेवन, एमवे डायमण्ड

आप लोगों को अगर यह नहीं बता पाते हैं कि आप क्या करने जा रहे हैं तो इसका अर्थ है कि आप भटक गए हैं।

– जॉर्ज शल्ज़

प्रेम तथा विवाह

कॉन्टेक्टिंग तथा इनवाइटिंग, प्यार तथा शादी करने के समान है। शादी से पहले आप किसी को डेट पर क्यों ले जाते हैं? ताकि आप उसके बारे में और अधिक जान सकें तथा यह पता लगा सकें कि सामने वाले में आपका जीवन साथी बनने की योग्यता है भी या नहीं? और अगर आप यह पाते हैं कि सामने वाला आपका जीवन साथी बनने के योग्य है तो आप उसके समक्ष विवाह का प्रस्ताव रखते हैं। क्या मैंने ग़लत कहा?

ठीक ऐसा ही हमारे व्यवसाय में भी होता है। यहाँ हम कॉन्टेक्टिंग के द्वारा यह पता लगाने का प्रयास करते हैं कि क्या सामने वाला (प्रॉस्पेक्ट) अपने जीवन में कुछ ढूँढ़ रहा है? यदि हाँ, तो हम उसे इनवाइट (आमंत्रित) करके निर्धारित किए गए स्थान तथा समय पर प्लान दिखाते हैं।

सूची तैयार करना

जब आप सामान लेने बाज़ार जाते हैं तो क्या बिना लिस्ट के जाते हैं? तो फिर लोगों के द्वारा चालित इस वितरण व्यवसाय में आप सूची (लिस्ट) क्यों नहीं बनाते? याद रखें, यह व्यवसाय लिस्ट बनाने से शुरू होता है तथा लिस्ट बनाने पर ही ख़त्म होता है।

इस पुस्तक में मैं आपको यह नहीं बताऊँगा कि नामों की सूची कैसे तैयार की जाती है, परंतु आपको ऐसा सुझाव देना अवश्य पसंद करूँगा जिसके चलते आप अपनी छोटी-सी सूची को असाधारण रूप से बड़ा कर सकते हैं। क्या आप तैयार हैं?

सबसे पहले तो आप उन लोगों के नाम लिखें जिन्हें आप जानते हैं। फिर एक और कागज़ लेकर उस पर उन लोगों के नाम लिखें जो आपको जानते हैं! उदाहरण के लिए, यदि आप एक अध्यापक हैं तो आप अपने विद्यालय के लगभग सभी अध्यापकों को जानते होंगे, परंतु आपके सभी छात्रों के अभिभावक भी आपको जानते होंगे। यदि आप सौ छात्रों को पढ़ाते हैं तो आपकी सूची में सौ नए नाम जुड़ जाएँगे, है न आश्चर्यजनक? इस विषय पर और अधिक जानने के लिए 'नेटवर्क मार्केटिंग-आई.बी.ओ. फील्ड गाइड' पुस्तक का अध्ययन अवश्य करें।

प्रभावशाली निमंत्रण

एक बार यह तय हो जाने पर कि सामने वाला बिज़नेस योजना (प्लान) देखने की योग्यता रखता है तो उसे होम मीटिंग, वन-ऑन-वन अथवा ओपन मीटिंग में बिज़नेस प्लान देखने के लिए आमंत्रित किया जाता है।

लक्ष्य पर नज़रें जमाए रहें :

यहाँ आपका एकमात्र लक्ष्य है, बिज़नेस प्लान के लिए स्थान तथा समय तय करना, न कि फ़ोन पर ही बिज़नेस प्लान समझाना।

ऐसे करें तैयारी

1. **तैयार रहें :** सामने वाला व्यक्ति आपसे अनेक सवाल पूछेगा, मैं यह दावे के साथ कह सकता हूँ! अतः उनके जवाबों के साथ तैयार रहें। इसके लिए किसी को आमंत्रित करने से पहले इस पुस्तक के भाग-5 का अध्ययन अवश्य कर लें।

2. **उत्साहित एवं आश्वस्त बने रहें :** लोग बिज़नेस प्लान से नहीं बल्कि आपके विश्वास एवं उत्साह से प्रभावित होते हैं।

3. **संक्षेप में कहें :** अनावश्यक बोलने से बचें! भूलकर भी इनविटेशन को प्रेजेंटेशन न बनाएं। सिर्फ आमंत्रित करें।

4. **नियंत्रण बनाए रखें :** अवसर (मौक़ा) आपके पास है न कि उनके पास, प्लान आप दिखाने वाले हैं न कि वे, संचालक आप हैं न कि वो, भूल से भी इन बातों को न भूलें!

सदैव सच बोलें! यहाँ झूठ बोलने अथवा बढ़ा-चढ़ा कर बताने की आवश्यकता नहीं है!

फोन पर न्यौता देना

अधिकतर निमंत्रण यहाँ फोन द्वारा ही दिए जाते हैं, जिसके लिए एक बनी-बनाई और रटी-रटाई स्क्रिप्ट का प्रयोग किया जाता है, परन्तु शुरुआती कॉल करते समय अपने अपलाइन की सलाह एवं सहायता अवश्य लें।

हैलो राज, आप कैसे हैं? मैं आकाश बोल रहा हूँ। काफ़ी समय हो गया बात किए हुए।

सुनो राज, अभी मैं थोड़ा जल्दी में हूँ। मुझे ज़रूरी काम से बाहर जाना है . . . लेकिन बाहर जाने से पहले अचानक याद आया इसीलिए आपको कॉल किया। दरअसल मैं .... (*यहाँ अपने अपलाइन डायमण्ड की कम्पनी का नाम लें*) के साथ एक ज़बरदस्त प्रोजेक्ट पर काम कर रहा हूँ। क्या आपने पहले कभी .... का नाम सुना है?

(*उत्तर की प्रतीक्षा करें, फिर आगे बढ़ें*)

यह एक बहुत ही सफल तथा तेज़ गति से तरक्की करने वाली कम्पनी है। इसके लिए हम आपके क्षेत्र में कुछ विशिष्ट लोगों की तलाश में हैं . . . जो बिज़नेस की समझ तो रखते ही हों, साथ ही दूरदृष्टि भी रखते हों . . . कुछ ऐसे लोग, जो 2 - 5 वर्षों में अपनी आमदनी में महत्त्वपूर्ण बदलाव चाहते हों। और मुझे तुरंत आपका नाम याद आया क्योंकि मुझे लगता है कि आप कुशल होने के साथ-साथ महत्त्वाकांक्षी भी हैं।

राज, मैं जानना चाहता हूँ कि क्या आप अपनी आमदनी बढ़ाने के बारे में सोचते हैं?

यदि उनका जवाब 'नहीं' हो तो कहें -

ओह, लगता है कि आप पहले ही से इसमें शामिल हैं। ख़ैर, कोई बात नहीं। मेरी शुभकामनाएं आपके साथ हैं, परंतु मैं समय निकालकर आपको फ़ोन करके आपके हाल-चाल की ख़बर लेता रहूँगा। संपर्क में बने रहें, नमस्कार।

और अगर उनका जवाब 'हाँ' हो, (*जैसा कि अधिकांश व्यक्तियों का होगा*) तो वे पूछेंगे, आप किस बारे में बात कर रहे हैं?

मिलने का समय निश्चित करें

राज, जैसा कि मैंने आपको पहले ही बताया कि मैं .... के साथ काम कर रहा हूँ। इसके बारे में विस्तार से चर्चा करने के लिए हमें 30-40 मिनट साथ बैठना होगा। हम कब मिल सकते हैं, मंगलवार या गुरुवार?

परंतु आपकी कम्पनी करती क्या है?

यह एक विशेष प्रकार की डिस्ट्रीब्यूशन (वितरण) कम्पनी है जो बड़ी-बड़ी कम्पनियों, जैसे थ्री एम, ए टी एण्ड टी, ऐरो शर्ट्स, डेल मॉण्टे फूड्स, फ़ायरस्टोन, हॉनेस, लिप्टन, मार्स केंडी, एम सी आई, मोटोरोला, मैग्नावॉक्स, नबिस्को, सैन्यो, जेनिथ तथा सोनी आदि के साथ मिलकर व्यापार (डील) करती है।

परंतु इसके बारे में विस्तार से जानने के लिए हमें साथ बैठना होगा। हम कब मिल सकते हैं, मंगलवार या गुरुवार?

(*यदि वे फिर भी सवाल करें, तो उन्हें कहें-*)

राज, मैं आपकी बात को काटना नहीं चाहता, परंतु मैं जानना चाहता हूँ कि आपको मार्केटिंग अथवा डिस्ट्रीब्यूशन में कितना अनुभव है?

(कोई फ़र्क नहीं पड़ता वे क्या जवाब देते हैं, आप कहें-)

सुनो राज, आपके सभी सवालों का स्वागत है। मैं आपके सभी सवालों के जवाब विस्तार से दूँगा। इसके लिए मंगलवार को मिलें या फिर गुरुवार ठीक रहेगा?

(*वे कह सकते हैं - इसके बारे में कुछ और बता सकते हो क्या? क्या यह एम एल एम है? मुझे कुछ बेचना तो नहीं होगा? इस प्रकार के सवालों से निपटने के लिए भाग-5 का अध्ययन करें।*)

राज, जैसा कि मैंने पहले ही कहा, मुझे बाहर जाना है। मैं आपसे कोई वायदा तो नहीं कर सकता, क्योंकि हो सकता है, यह आपके लिए हो या फिर न भी हो। हो सकता है, आप इसकी शर्तों पर खरे न उतरें, परंतु मैं इतना तो कह ही सकता हूँ कि आपको यह अवश्य ही पसंद आएगा, क्योंकि इस बिज़नेस में बहुत पैसा है!

होम मीटिंग के लिए न्यौता देना

राज, मेरे बिज़नेस सहयोगी हैं .... (*आपके अपलाइन का नाम*)। वह बहुत ही समझदार एवं कामयाब व्यक्ति हैं। मैं उनके साथ मिलकर एक प्रोजेक्ट पर काम कर रहा हूँ। वह मंगलवार तथा गुरुवार की शाम 8-10 बजे इस बिज़नेस प्रोजेक्ट पर बातचीत करने के लिए मेरे घर आ रहे हैं। उन्होंने मुझे कुछ अच्छे और समझदार लोगों को बुलाने के लिए कहा तो आपका नाम मेरे दिमाग़ में आया।

आप किस दिन आ सकते हैं, मंगलवार या फिर गुरुवार? और हाँ, भाभी जी को भी साथ लाएं क्योंकि यह एक फ़ैमिली बिज़नेस है। इसमें महिलाएं अत्यंत महत्त्वपूर्ण भूमिका निभा सकती हैं। अतः इसे साथ मिल-बैठकर समझ लेना बहुत ही ज़रूरी है। किस दिन आना आपके लिए सुविधाजनक रहेगा, मंगलवार या फिर गुरुवार? मैं आपसे पक्के आश्वासन की अपेक्षा रखता हूँ क्योंकि मैं .... (*आपके अपलाइन का नाम*) को वायदा कर चुका हूँ और अगर आप किसी अन्य ज़रूरी

काम के चलते यदि नहीं आ पा रहे हों तो मुझे पहले ही बता दें ताकि मैं किसी और को बुला सकूं। तो फिर ठीक है राज, हम लोग गुरुवार की शाम को मिलते हैं। मुझे अभी ज़रूरी काम से बाहर जाना है। गुरुवार शाम को मिलेंगे, नमस्कार।

याद रखें – *सामने वाला जब तक खुद के आने को लेकर पक्का आश्वासन न दे, फ़ोन न काटें!*

वचन

मैं अपने अपलाइन के मार्गदर्शनों का पालन करूँगा क्योंकि वे वह सब पहले ही कर चुके हैं जो मैं आज करने जा रहा हूँ!

योग्यता की जाँच

भाग 4

१९

उम्मीदवार की योग्यता को भली-भांति जाँच लें

ईश्वर आपको अवसर के द्वार तक तो पहुँचाएगा परंतु प्रवेश तो आप ही को करना होगा!

- टेड विलियम्स, बेसबॉल खिलाड़ी

दुनिया में मेहनती लोगों की कमी नहीं है। कुछ काम करना चाहते हैं और कुछ छुटकारा पाना ।

- रॉबर्ट फ्रॉस्ट, अमेरिकी कवि

जरूरी है योग्यता की जाँच

अब आपको एक अच्छा प्रत्याशी मिल चुका है। वह समझदार भी है। अपने क्षेत्र में अच्छा-ख़ासा कामयाब भी है। शहर में वह बहुत सारे लोगों को जानता है। वह अच्छे कपड़े पहनता है। वह प्रभावशाली है। आपको लगता है कि वह डायमण्ड बनेगा। आप उसे प्लान दिखाते हैं और फिर वो आगे - आगे, आप उसके पीछे - पीछे।

थोड़ा रुकें। क्या आपका उसे योग्य मान लेना उसकी योग्यता को प्रमाणित करता है? क्या आपके सोचने भर से वह इस बिज़नेस में कामयाब हो जाएगा?

आज़माइश करना

जब मैं बीमा बेचने के व्ययवसाय में था तो मैं ऐसे लोगों से कभी

नहीं मिला जो आकर मुझसे मिलते और कहते, "अरे दोस्त, मैं तुम्हारी ही तलाश में था। मुझे और बहुत सारे बीमा कराने हैं!"

अगर ऐसा होता तो क्या मज़ा नहीं आ जाता? ऐसा आज तक किसी के साथ नहीं हुआ और न ही आपके साथ होने वाला है। हाँ, उम्मीदवार की योग्यता का परीक्षण करने वाले कुछ सवाल आपको अधिकतम परिणामों की ओर ले जाने में अवश्य मददगार साबित हो सकते हैं।

अपने बीमा व्यवसाय में बीमा ख़रीदने के इच्छुक व्यक्ति से मैं एक ही सवाल सबसे पहले पूछा करता था, "क्या आपको कभी दिल का दौरा पड़ा है?" यदि उसका जवाब 'हाँ' होता तो मैं अगले व्यक्ति की तलाश में आगे निकल जाया करता था क्योंकि इतिहास में शायद ही कभी किसी दिल के रोगी अथवा कैंसर पीड़ित व्यक्ति का बीमा किया गया हो। अतः इस एकमात्र सवाल के माध्यम से मैं सामने वाले व्यक्ति की योग्यता की जाँच के द्वारा अपने समय तथा प्रयास को बचाने में सफल हो जाया करता था।

इस व्यवसाय में भी ऐसा ही है। सामने वाला व्यक्ति यदि मेरी अपेक्षाओं पर खरा नहीं उतर पा रहा हो तो मैं उसे प्लान दिखाकर मुसीबत को अपने गले में क्यों डालूँ? यह व्यवसाय बहुत ही कठिन है क्योंकि इसमें हम बार-बार गलतियाँ करके खुद की असफलता को खुद के लिए ही स्थापित करते चले जाते हैं।

नीचे दिए गए सवाल उम्मीदवार की योग्यता के परीक्षण में आपकी विशेष मदद कर सकते हैं –

योग्यता की कसौटी के चार चरण

पहला चरण : असली चाहत का पता लगाना

1. क्या मैं आपसे एक सवाल पूछ सकता हूँ – यदि समय एवं धन की बाधा न हो तो आप क्या करना पसंद करेंगे?

2. ऐसी कौन सी चीज़ है, जिसे करना आपको सबसे अधिक पसंद तो है, परंतु अपने वर्तमान व्यवसाय के चलते नहीं कर पा रहे हैं?

3. वर्तमान व्यवसाय के चलते क्या आप वह सब कर पाते हैं

जो करना आपको अच्छा लगता है? फिर क्या, क्यों, कौन, कहाँ, कैसे वाले सवाल पूछें, जैसे - आप क्या करना पसंद करते हैं? आपको कहाँ घूमना अच्छा लगता है? कौन-सी कार आपको सबसे अधिक पसंद है? आदि-आदि।

4. क्या आप अपनी आवश्यकता से अधिक पैसा बना लेते हैं?

दूसरा चरण : गंभीरता की जाँच करना

1. मैं हमेशा से ही सोचता रहा हूँ कि आप उत्साही एवं महत्त्वाकांक्षी व्यक्ति हैं, मेरा ऐसा सोचना ग़लत तो नहीं? क्या यह कहना सही नहीं होगा कि आप अपनी इच्छाओं को पूरा करने के लिए अतिरिक्त आय के किसी अन्य साधन की तलाश में हैं?

2. जैसा कि आपने कहा आपको .... बहुत पसंद है, क्या इसके लिए आप एक ऐसे व्यवसाय में अपना अतिरिक्त समय एवं प्रयास डालने को तैयार हैं ताकि आप .... हासिल कर सकें?

तीसरा चरण : प्रतिबद्धता के स्तर का निर्धारण

1. जब वे स्वीकार कर लें कि वर्तमान व्यवसाय के माध्यम से उनके सपने साकार होने मुश्किल हैं तथा यह भी कि वे अपने सपने के लिए अतिरिक्त श्रम करने को तैयार हैं तो उनसे पूछें - यदि आपको अपने सपने साकार करने का एक अच्छा मौका मिल जाए तो आप प्रति हफ़्ते कितने घण्टे काम करने को तैयार हैं- दो, पाँच या फिर दस घण्टे?

चौथा चरण : क्या कोई अन्य विकल्प मौजूद है?

1. यदि उम्मीदवार के जवाबों में स्पष्टता नज़र न आए तो पहले, दूसरे तथा तीसरे चरण को दोबारा दोहराएँ।

2. अब एक आख़िरी सवाल - क्या अपना सपना साकार करने के लिए आपके पास कोई अन्य विकल्प मौजूद है, जैसे कि आपकी लॉटरी लगने वाली हो या फिर आपके दादाजी या ससुर अपनी करोड़ों की संपत्ति आपके नाम करने वाले हों? (*मुस्कुराते हुए*)

यदि जवाब में वे 'न' कहें तो इसका अर्थ यह हुआ कि वे स्वीकार कर रहे हैं कि अपना सपना साकार करने के लिए उनके पास कोई अन्य साधन अथवा विकल्प मौजूद नहीं है तथा उनका सपना साकार करने के लिए आप उन्हें अपनी व्यवसायिक योजना दिखा सकते हैं।

उम्मीदवार की योग्यता की जाँच के लिए MAN विधि का भी उपयोग किया जा सकता है। एक अच्छे उम्मीदवार के पास धन (मनी), उसे खर्च करने का अधिकार (अथॉरिटी) तथा जीवन में और अधिक आगे बढ़ने की ज़रूरत या इच्छा (नीड) अवश्य होनी चाहिए।

वचन

यह मेरा व्यवसाय है। इसे मैं अपनी शर्तों पर चलाऊँगा, न कि अपने उम्मीदवारों की शर्तों पर!

सवाल-जवाबों के द्वारा आपत्तियों से निपटना

भाग 5

२०

रहें तैयार!

सपने उन्हीं के साकार होते हैं जो उन्हें देखते हैं।
- एलिएनॉर रूज़वेल्ट

अनदेखा करने से सच्चाई बदल नहीं जाती।
- ऐल्डस हक्सले, लेखक

नकारात्मक संसार

यदि प्रत्येक व्यक्ति इस व्यवसाय के विषय में सही जानकारी रख रहा होता तो आज हर व्यक्ति इस व्यवसाय में शामिल होता। इसीलिए तो मैं कहता हूँ कि इस व्यवसाय को न करने का कोई तर्कसंगत कारण नहीं है अर्थात् सभी इसे कर सकते हैं!

परंतु इस व्यवसाय को समझने के लिए एक डायमण्ड के नज़रिए से इसे समझना होगा। बाहर की दुनिया में इस उद्योग को लेकर बहुत सारी ग़लतफ़हमियाँ हैं . . . जिनसे भागकर कुछ हल नहीं निकलेगा बल्कि हमें डटकर उनका मुकाबला करना होगा। सच कहूँ तो लोग अपनी सफलता की संभावनाओं को लेकर स्वयं आशंकित हैं और हमारे व्यवसाय में तो भिन्न-भिन्न प्रकार के लोगों को जोड़कर एक साथ काम करने की आवश्यकता होती है।

मिलने का समय निश्चित करें

आपने सुना होगा, *"उचित समय का चुनाव बहुत ही ज़रूरी है।"*

यह बात तब और भी महत्त्वपूर्ण हो जाती है जब आपको बिज़नेस प्लान दिखाना हो। कुछ लोग तो फोन पर ही बिज़नेस प्लान दिखाना शुरू कर देते हैं, परंतु क्या इसे प्लान दिखाने का उचित समय कहा जा सकता है?

फ़ोन का उपयोग तो मात्र मिलने का समय एवं स्थान सुनिश्चित करने के लिए किया जाना चाहिए। फ़ोन पर मुलाक़ात तय करते समय सामने वाले व्यक्ति द्वारा पूछे जाने वाले सवालों से घबराएँ नहीं बल्कि निम्न तीन सवालों के जवाब अपने पास हमेशा तैयार रखें क्योंकि ये ही वे सवाल हैं जो आमंत्रित करते समय 90-95 प्रतिशत लोग आपसे पूछेंगे।

1. आप किस बारे में बात कर रहे हैं? या यह क्या है? या फिर क्या आप इस बारे में मुझे कुछ और बताएंगे?

2. क्या यह सेलिंग (बिक्री) है? या क्या मुझे कुछ बेचना होगा? या फिर आप मुझे क्या बेचना चाहते हैं?

3. क्या यह नेटवर्क मार्केटिंग है?

जो मुझे पता चला है वह जवाब सबसे अच्छा काम करता है। दरअसल, इन सवालों के तो कोई जवाब हैं ही नहीं, परंतु फिर भी आपको मेरी सलाह है कि इस विषय में अपने अपलाइन की सलाह अवश्य लें। वे आपको इन सवालों से निपटने का आसान तरीका बताएंगे।

हमेशा पूछे जाने वाले निम्न तीन सवालों के जवाब

1. प्रश्न : *आप किस बारे में बात कर रहे हैं?* (या यह क्या है? या फिर क्या आप इस बारे में मुझे कुछ और बताएंगे?)

यह सबसे सटीक सवाल है। इसे आपत्ति अथवा आक्षेप नहीं कहा जा सकता, अतः एक सीधा-सा जवाब आपके अधिकांश उम्मीदवारों को संतुष्ट कर सकता है।

प्रतिक्रिया : मुझे विश्वास है कि आपने .... (*आपके अपलाइन डायमण्ड की कम्पनी का नाम लें*) का नाम तो सुना ही

होगा?

नहीं, क्या आप मुझे इस बारे में कुछ और बताएँगे?

क्यों नहीं? जब हम मिलेंगे तो मैं आपको इस बारे में विस्तार से बताऊँगा। आपके लिए मंगलवार ठीक रहेगा या गुरुवार?

मैं जानना चाहता हूँ कि आप करते क्या हैं?

मैं .... के साथ जुड़ा हूँ। जो मैग्नावॉक्स, कैलॉग, वॉन हेसन, कोका कोला, आर्टिस्ट्री तथा न्यूट्रीलाइट जैसी बड़ी-बड़ी कम्पनियों के उत्पाद प्रत्यक्ष वितरण प्रणाली के द्वारा वितरित करके मोटा पैसा बनाते हैं।

यदि वे सवाल पूछना अभी भी जारी रखते हैं तो यह कहते हुए बातचीत पर अपना नियंत्रण बनाने का प्रयास करें -

राजीव, मुझे माफ करना, मैं आपको बीच में ही रोक रहा हूँ, परंतु जैसा कि मैंने पहले ही कहा - यह उत्पादों की प्रत्यक्ष वितरण प्रणाली है जिसके द्वारा असाधारण पैसा बनाया जा सकता है। क्या मैं जान सकता हूँ कि आपको इस क्षेत्र में किसी भी प्रकार का कोई अनुभव है?

(उनका जवाब कुछ भी हो, परंतु आप कहें -)

राजीव, जरूरी नहीं कि आप इसे करें ही, परंतु जब हम इस पर 30-40 मिनट बातचीत करेंगे तो मैं आपके हर सवाल का जवाब दूँगा। आपके लिए मंगलवार सुविधाजनक रहेगा या फिर गुरुवार?

(यदि वे तब भी सवाल करते रहें तो उन्हें फिर कभी बाद में फ़ोन करने के वायदे के साथ बातचीत को समाप्त करें।)

राजीव, अभी मुझे ज़रूरी काम से बाहर जाना है। जब मेरे पास थोड़ी फुर्सत होगी तब मैं आपको दोबारा फ़ोन करूँगा, ठीक है?

(आप उन्हें कुछ समय बाद पुनः फ़ोन कर सकते हैं अथवा अपने अपलाइन से कॉन्फ्रेंसिंग के द्वारा उनकी बात कराकर भी मिलने का समय निश्चित कर सकते हैं।)

2. प्रश्न : *क्या यह सेलिंग अथवा बिक्री है?* (या क्या मुझे कुछ बेचना होगा? या फिर आप क्या बेचते हैं?)

हमारे देश में लोग बिक्री व्यवसाय में शामिल लोगों (जिन्हें 'सेल्समैन' कहा जाता है) पर भरोसा नहीं करते हैं। इसका अर्थ

यह हुआ कि आपको लोगों के मन में फैली इस प्रकार की ग़लत अवधारणाओं के विरुद्ध न सिर्फ संघर्ष करना होगा बल्कि इस छवि को सुधारने के लिए भी भागीरथ प्रयत्न करना होगा।

प्रतिक्रिया : राज, क्या मैं आपसे एक सवाल पूछ सकता हूँ – क्या आपको सेलिंग (बिक्री) पसंद नहीं है?

(*वह कुछ भी कहे, इससे कोई फर्क नहीं पड़ता। आप कहें –*)

राज, मुझे नहीं लगता कि मैंने अभी तक आपको कुछ बेचा है!

अथवा

राज, तब तो मुझे पक्का यकीन है कि आप इस बिज़नेस को अवश्य ही पसंद करोगे। जब हम मिलेंगे तब मैं आपको इसके बारे में विस्तार से बताऊँगा। हम मंगलवार को मिल रहे हैं या फिर गुरुवार को?

(*यदि वे पूछें कि आप उन्हें क्या बेचना चाहते हैं? तो कहें –*)

राज, मैं नहीं जानता कि आपको ऐसा क्यों लग रहा है कि मैं आपको कुछ बेचना चाहता हूँ। और मेरा विश्वास करें, जब हम मिलेंगे आपको मुझसे कुछ भी ख़रीदना नहीं होगा। क्या यह बात स्पष्ट नहीं है?

3. प्रश्न : *कहीं यह नेटवर्क मार्केटिंग तो नहीं?* (*नेटवर्क मार्केटिंग के स्थान पर लोग आपकी एम.एल.एम. कम्पनी का नाम भी ले सकते हैं।*)

यही वह सवाल है जिसकी कीमत 65 हजार डॉलर से भी अधिक है! तथा मेरा दावा है कि यदि आप इस सवाल का जवाब सही तरीके से देने में कामयाब हो जाते हैं तो आपको इस व्यवसाय में कामयाब होने से कोई रोक नहीं सकता!

नीचे इस प्रश्न के कुछ संभावित उत्तर दिए गए हैं, किन्तु याद रखें, यह ज़रूरी नहीं कि दिया जाने वाला हर जवाब आपके उम्मीदवार की कसौटी पर खरा ही उतरे। अतः इस विषय में अपने अपलाइन की सलाह अवश्य लें।

प्रतिक्रिया : राज, यदि आप इस व्यवसाय में शामिल होने के बारे में सोच रहे हो तो मुझसे एक बार सलाह-मशविरा ज़रूर कर लेना।

राज, क्या आप वर्तमान व्यवसाय के माध्यम से अपने सपने साकार

कर पाएँगे? यदि नहीं तो क्यों न साथ बैठकर गंभीरता से इस विषय पर 30-40 मिनट चर्चा करें? हम मंगलवार को मिल सकते हैं या फिर गुरुवार को?

अथवा

बिल्कुल ठीक पहचाना, राज! मैं .... (*आपके अपलाइन की कम्पनी का नाम अथवा एजूकेशन सिस्टम का नाम*) के साथ जुड़ा हूँ। यह कम्पनी हमारे कांट्रेक्टिंग कॉर्पोरेशन के साथ मिलकर अनेक फ़ॉर्चून-500 कम्पनियों, जैसे पैनासोनिक, मोटोरोला, कैलॉग, कोका कोला आदि के उत्पादों की प्रत्यक्ष बिक्री के द्वारा ढेर सारा पैसा बनाती है। जब हम मिलेंगे तो मैं आपको बताऊँगा कि कैसे आप भी इनके साथ जुड़कर ढेर सारा पैसा बना सकते हैं।

(*यदि वे फिर भी नेटवर्क मार्केटिंग अथवा एम.एल.एम. या फिर एमवे के नाम की रट लगाए रहें तो आप उनसे कहें -*)

राज, क्या मैं जान सकता हूँ कि आप कौन से एमवे की बात कर रहे हैं? क्या वह पुराना वाला एमवे, जिसमें घर-घर जाकर सामान बेचना पड़ता था या फिर नया वाला एमवे, जो सैकड़ों कम्पनियों के 7 हजार से भी अधिक विश्वस्तरीय गुणवत्ता वाले उत्पाद अपनी प्रत्यक्ष वितरण प्रणाली के द्वारा बेचकर 9.5 अरब डॉलर से भी अधिक का व्यवसाय करता है?

(*उसके बाद शाँत रहकर उनके उत्तर की प्रतीक्षा करें, और कहें -*)

राज, जैसा कि मैंने पहले ही कहा एमवे एक कांट्रेक्टिंग कार्पोरेशन है जो फ़ॉर्चून-500 कम्पनियों के साथ डील (व्यापार) करता है। वे जो कुछ भी करते हैं, सबसे बेहतर करते हैं, जिसका फायदा हम सभी को होता है। जब हम मिलेंगे तो मैं आपको इसके बारे में विस्तार से बताऊँगा। आपके लिए मंगलवार सुविधाजनक रहेगा या फिर गुरुवार? ऐसा पूछते हुए मिलने का समय निश्चित करें।

२१

आपत्तियों से कैसे निपटें

यहाँ उपेक्षित होने तथा लोगों से निपटने के अच्छे पैसे दिए जाते हैं।

– पॉल ज़ेन पिल्ज़र

आपत्तियों का अर्थ क्या है?

लोग हमेशा वह नहीं कहते जो उन्हें कहना चाहिए अथवा जो वे कहना चाहते हैं, अतः उन्हें अन्यथा न लें। जब लोग इस व्यवसाय के लिए आपको 'न' कहते हैं तो यह 'न' उनके अंतःकरण में चल रही खींचा-तानी अथवा संघर्ष की सूचना देती है। इस 'न' के सामान्यतः चार कारण हो सकते हैं –

1. विफलता का भय
2. अस्वीकृति अथवा उपेक्षा का भय
3. आत्मविश्वास की कमी
4. तथ्यहीन जानकारी, ग़लत अवधारणा या ज्ञान का अभाव

यदि आप किसी ऐसे प्रत्याशी को बिज़नेस प्लान दिखाना चाहते हैं जो इस व्यवसाय को लेकर पूर्णतः ग़लत अवधारणा अथवा नकारात्मक सोच रखता हो तो याद रखें स्वयं ईश्वर भी चाहे तो उसे बदल नहीं सकता। अतः उचित यही होगा कि आप उसे अलविदा कहें तथा नए प्रत्याशी की तलाश में आगे बढ़ जाएँ!

हालांकि अज्ञानता कोई पाप नहीं है – यह बस ज्ञान की कमी के चलते जन्म लेती है। सुप्रसिद्ध अर्थशास्त्री पॉल ज़ेन पिल्ज़र के अनुसार, "इस व्यवसाय में लोगों को सिखाने का अच्छा पैसा दिया जाता है।"

बर्फ को कैसे पिघलाएँ

नीचे कुछ तरीक़े दिए जा रहे हैं जिनकी सहायता से वैध आपत्तियों से आसानी से निपटा जा सकता है –

1. ध्यान से सुनें, बीच में रोकें-टोकें नहीं।

2. बहसबाज़ी अथवा वाद-विवाद न करें। उनकी भावनाओं का सम्मान करें ताकि परेशानी की तह तक पहुँचा जा सके।

3. सदैव, मैं महसूस कर रहा हूँ . . . मुझे एहसास है . . . मैं समझ रहा हूँ . . . मैं आपकी सराहना करता हूँ . . . जैसे वाक्यों का प्रयोग करें।

उदाहरण के लिए –

मैं समझ सकता हूँ कि आप कैसा महसूस कर रहे हैं।

अथवा

मैं आपकी भावनाओं की कद्र करता हूँ।

अथवा

शुरू-शुरू में मुझे भी ठीक ऐसा ही लगता था . . . !

4. सदैव नपे-तुले तथा कम शब्दों में मुद्दे की बात करें।

5. जवाब देने के बाद हमेशा पूछें –

क्या मैंने सही कहा?

अथवा

आप समझ रहे हैं न मैं क्या कह रहा हूँ?

सही कारणों का पता लगाएँ

प्रत्याशी अथवा उम्मीदवार के द्वारा पूछे गए सभी सवालों के जवाब देने के पश्चात् उन्हें निर्णय लेने के लिए कहें। उदाहरण के लिए –

रवि, जैसा कि मैं समझ पा रहा हूँ, आपकी सबसे बड़ी समस्या आपके पास 'समय' की कमी है। मैं आपकी भावनाओं की कद्र करता हूँ क्योंकि आरंभ में मुझे भी ठीक यही समस्या थी। रवि, अगर हम इस समस्या का समाधान निकाल लें तो वह कौन-सा कारण है जो आपको इस व्यवसाय में शामिल होने का निर्णय लेने से रोकेगा?

इसके जवाब में यदि वे आपके सामने कोई दूसरी आपत्ति अथवा आक्षेप रखते हैं – जैसा कि अधिकतर मामलों में होगा – तो सवाल-जवाब के सिलसिले को आगे बढ़ाकर उनके सही कारण तक पहुंचने का प्रयास करें। सही कारण तक पहुँचने पर उसके समाधान के द्वारा सही निर्णय लेने में उनकी मदद करें।

कुछ महत्त्वपूर्ण आपत्तियों के समाधान

1. **आपत्ति :** मेरे पास समय नहीं है।

आपकी प्रतिक्रिया : आपके पास क्या करने का समय नहीं है – क्या ज़्यादा पैसा कमाकर अपनी शर्तों पर जीवन जीने का विचार सही नहीं है?

अथवा

(*मुस्कुराते हुए*) दोस्त, भगवान ने हम सभी को चौबीस घण्टे दिए हैं, शायद आपको भी? क्या मैं आपको दिखाऊँ कि इस व्यवसाय में हम ज़्यादा समय कैसे बना सकते हैं?

अथवा

जो लोग पैसा बनाने के लिए अपना समय ख़र्च कर डालते हैं, उनके पास समय का सदैव अभाव रहेगा तथा इस समस्या से बाहर निकलने का एकमात्र तरीक़ा है – डुप्लीकेशन, जो इस व्यवसाय में संभव है।

2. **आपत्ति :** इसके बारे में मुझे पहले से ही पता है।

आपकी प्रतिक्रिया : अरे वाह! फिर आप इसमें शामिल क्यों नहीं हुए? राज, इस विषय पर मैं गंभीर हूँ। क्या आप मुझे बिज़नेस प्लान दिखा सकते हैं?

अथवा

राज, यह काफी दिलचस्प बात है, परंतु क्या मैं आपसे पूछ सकता हूँ कि आप अपने वर्तमान व्यवसाय के द्वारा क्या वह सब प्राप्त कर सकते हैं जो आप पाना चाहते हैं? *(उनका उत्तर लिए बिना आगे न बढ़ें)*।

यदि नहीं तो मेरा आपको सुझाव है कि इस विषय में और अधिक

जानने के लिए साथ बैठकर चर्चा करते हैं और यह जानने का प्रयास करते हैं कि इसके माध्यम से भविष्य में आपको क्या कुछ मिल सकता है। *(फिर मिलने का समय निर्धारित कर बात समाप्त करें)*।

3. आपत्ति : मैं यह नहीं कर पाऊंगा।

आपकी प्रतिक्रिया : राज, मैं समझा नहीं आप क्या नहीं कर पाएँगे – क्या आप आकर्षक छूट पर उच्चतम गुणवत्ता वाले उत्पाद नहीं खरीद पाएँगे . . . या फिर इस शानदार सुनहरी अवसर को अपने मित्रों के साथ साझा नहीं कर पाएँगे?

अथवा

मैं आपकी भावनाओं को समझ रहा हूँ परंतु क्या आप जानते हैं कि यदि आप इसे पहले ही से कर रहे होते तो आज आप मुझे यह बिजनेस प्लान दिखा रहे होते। और मैं इस बिजनेस में डायमण्ड जा रहा हूँ जिसका अर्थ है आपको हजारों डॉलर की रॉयल्टी इनकम! राज, क्या आपकी नजर में कोई और है जिसे हम बिजनेस प्लान दिखा सकें?

4. आपत्ति : यह मेरे काम की चीज नहीं है।

आपकी प्रतिक्रिया : राज, इसमें ऐसा क्या है जो आपको पसंद नहीं आया – विजेताओं के साथ काम करना या फिर अपनी शर्तों पर अपना जीवन जीना?

5. आपत्ति : इस प्रकार की चीजें कभी काम नहीं करतीं।

आपकी प्रतिक्रिया : लगता है राज, आप सच्चाई से कोसों दूर हैं। तभी तो मैं इसे लेकर उत्साहित हूँ और आप नहीं! (*मुस्कुराते हुए*) – हो सकता है राज, मैं मूर्ख दिखाई देता हूँ, परंतु मेरा यकीन मानें मैं हूँ नहीं . . . ।

अथवा

राज, क्या मैं आपसे एक सवाल पूछ सकता हूँ – आप अपने फ़ैसले झूठी अफ़वाहों के आधार पर लेते हैं या फिर सही एवं सटीक जानकारी के आधार पर? तो क्या यह उचित न होगा कि आप भी इस बारे में और अधिक जानकारी लें तथा एक समझदारी भरा क़दम आगे बढ़ाएं?

6. आपत्ति : मुझे इस बारे में सोचने का मौक़ा दें।

आपकी प्रतिक्रिया : ठीक है राज, मैं आपकी भावनाओं की कद्र

करता हूँ, परंतु क्या मैं जान सकता हूँ कि आप किस बारे में सोचना पसंद करेंगे - अधिक पैसा बनाने के बारे में या फिर उसे खर्च करने के बारे में?

अथवा

आप किस बारे में सोचना चाहेंगे - बड़ा बिज़नेस बनाने के बारे में या फिर इसके द्वारा बहुत सारा पैसा बनाकर अपना तथा अपने परिवार का भविष्य सुरक्षित करने के बारे में?

7. आपत्ति : क्या यह ग़ैर कानूनी पिरामिड योजना अथवा श्रृंखला तो नहीं?

आपकी प्रतिक्रिया : राज, शायद आप नहीं जानते कि अवैध पिरामिड योजनाएँ हमारे देश में पूर्णतः प्रतिबंधित हैं। न्यायालय वर्ष 1978 में एमवे के नेटवर्क मार्केटिंग मॉडल को एक वैध व्यवसाय घोषित कर इसे मान्यता प्रदान कर चुका है। आज एमवे न सिर्फ 9.5 अरब डॉलर का व्यवसाय कर रहा है बल्कि अन्य नेटवर्किंग कम्पनियों के लिए आदर्श भी बन चुका है।

अथवा

अब मुझे समझ में आया कि आप ऐसा क्यों पूछ रहे हैं, क्योंकि शुरू-शुरू में मुझे भी ऐसा ही लगता था, परंतु काफ़ी जानकारी इकट्ठा करने के बाद मुझे मेरे सवाल का जवाब मिल गया - हमारा समाज, फ़ॉर्चून-500 कम्पनियाँ तथा हमारी सरकारें भी इसी मॉडल पर काम करती हैं। हाँ, नेटवर्क मार्केटिंग मॉडल में से उत्पाद एवं सेवाओं को निकाल देने पर यह अवैध पिरामिड योजना बन जाती है।

8. आपत्ति : इसमें पहले शामिल होने वाले सभी अमीर बन गए, बाद वाले नहीं।

आपकी प्रतिक्रिया : यदि ऐसा है तो आज 60-70 साल बाद भी हमारे व्यवसाय में सैकड़ों नए डायमण्ड क्यों बन रहे हैं?

अथवा

राज, इस व्यवसाय में हमें पद के आधार पर नहीं बल्कि हमें हमारे प्रदर्शन के आधार पर पैसा मिलता है। क्या आप मेरी इस बात को समझने के लिए थोड़ा समय निकाल सकते हैं?

9. आपत्ति : मेरे पास पैसे नहीं हैं।

आपकी प्रतिक्रिया : क्या आप इस समस्या का स्थाई समाधान निकालना चाहते हैं? क्या आपके वर्तमान व्यवसाय के द्वारा आप भविष्य में बहुत सारा पैसा बना सकते हैं?

10. आपत्ति : बहुत सारे लोग इसमें शामिल हो चुके हैं। अब इसमें दम नहीं बचा।

आपकी प्रतिक्रिया : मैं आपसे एक सवाल पूछना चाहता हूँ – हम सभी के पास रेफ्रीजरेटर, टी.वी., मोबाइल फोन, टू तथा फोर व्हीलर आदि हैं, परंतु फिर भी बाज़ार में इनकी बिक्री बंद तो नहीं हुई?

अथवा

राज, क्या आप जानते हैं कि रोज़ाना हजारों बच्चे अपना सोलहवां जन्मदिन मनाते हैं। सेचुरेशन तो मात्र एक झूठी कल्पना है। लोग पहले भी कामयाब होते रहे हैं और हमेशा होते रहेंगे!

11. आपत्ति : मैं ऐसे बहुत सारे लोगों को जानता हूँ जिन्होंने इसे करके छोड़ दिया।

आपकी प्रतिक्रिया : राज, हाई स्कूल में प्रतिवर्ष बहुत सारे बच्चे फ़ेल हो जाते हैं। तो क्या लोगों ने हाई स्कूल में पढ़ना बंद कर दिया? यह बिजनेस काम करने वाले लोगों के लिए ही काम करता है!

अथवा

यह क़िस्मत आज़माने का नहीं बल्कि अपने सपने साकार करने का बिज़नेस है। यदि आपके पास एक जीवित सपना है तो यह उसे साकार करने में आपकी मदद अवश्य करेगा।

अथवा

मित्र, असफल लोगों से प्रभावित होकर सफलता का सपना नहीं देखा जा सकता।

अथवा

राज, हो सकता है कि उन्हें अच्छे लोगों का साथ न मिला हो अथवा यह भी हो सकता है कि वे ग़लत एजूकेशन सिस्टम में फँस गए हों। मैं आपको विश्व की सबसे बड़ी नेटवर्क मार्केटिंग कम्पनी तथा प्रमाणित एजूकेशन सिस्टम के साथ जुड़ने का न्यौता देता हूँ। क्या

आप तैयार हैं?

अथवा

राज, मैं ऐसे बहुत सारे लोगों को जानता हूँ जो तीन पीढ़ियों (पुश्तों) से इस व्यवसाय में शामिल हैं। क्या आपने डैक्स्टर येगर, बिल ब्रिट या जिम डॉर्नन का नाम सुना है?

12. आपत्ति : मैं अपने मित्रों को इसमें फँसाना नहीं चाहता।

आपकी प्रतिक्रिया : एक सर्वेक्षण के नतीजे बताते हैं कि आने वाले 20–25 वर्षों में लगभग 50 प्रतिशत लोग इस व्यवसाय में शामिल हो चुके होंगे। अब यह आपको तय करना है कि आप अपना फ़ैसला कब लेंगे? यदि आप आज फ़ैसला लेते हैं तो कल आपके मित्र आपके नेटवर्क में होंगे और यदि आप कल फ़ैसला लेंगे तो आप अपने मित्रों के नेटवर्क में!

13. आपत्ति : यह सिर्फ सुनने में अच्छा लगता है।

आपकी प्रतिक्रिया : राज, जो चीज़ें सुनने में अच्छी लगती हैं, हो सकता है वे वास्तव में भी अच्छी ही हों। और फिर बुद्धिमानी नकारात्मक की जगह सकारात्मक रूप से सोचने में है।

14. आपत्ति : यहाँ प्रतिस्पर्द्धा बहुत है।

आपकी प्रतिक्रिया : आपको इस बारे में चिन्ता करने की आवश्यकता नहीं है। जब आप डायमण्ड बन जाते हैं तो वे (कम्पनी) इसकी चिन्ता करते हैं।

15. आपत्ति : एमवे में बहुत सारे लोग हैं।

आपकी प्रतिक्रिया : फिर आपने अभी तक इसे करने का फ़ैसला क्यों नहीं लिया?

अथवा

आप इसमें पहले शामिल हो जाते तो आज आपके ग्रुप में भी बहुत सारे लोग होते, आपको क्या लगता है? अभी भी देर नहीं हुई है, क्या आप इसके लिए तैयार हैं?

अथवा

बहुत सारे से आपका तात्पर्य क्या है? क्या आप जानते हैं कि यह जनसंख्या के हिसाब से घटता और बढ़ता रहता है?

ॐ वचन ॐ

सी.डी., टेप्स तथा किताबों से मैं जो कुछ भी सीखूँगा, वह मैं अपने व्यवसाय में नियमित रूप से लागू करूँगा।

फ़ॉलो-अप से फ़ॉलो-थ्रू तक

भाग 6

२२

क्यों ज़रूरी है फ़ॉलो-थ्रू

पूरे ध्यान एवं आस्था के साथ अनुसरण करेंगे, तभी संतुष्टि मिलेगी।
- रॉबर्ट शुलर

सही मार्ग पर ही सही, आपको दौड़ना तो पड़ेगा ही। बैठने से कुछ भी हासिल न होगा।
- विल रोजर्स

फ़ॉलो-थ्रू

जिस प्रकार एक अच्छा गोल्फ़ खिलाड़ी बॉल हिट करने से पहले फ़ॉलो-थ्रू करता है, बेस बॉल पिचर तेज बॉल डालने से पहले फ़ॉलो-थ्रू करता है या फिर बास्केट बॉल खिलाड़ी फ़्री थ्रो करने से पहले फ़ॉलो-थ्रू करता है उसी प्रकार हमारे व्यवसाय में भी फ़ॉलो-थ्रू अत्यंत महत्त्वपूर्ण है क्योंकि इसके द्वारा शक्ति तथा दिशा, दोनों को नियंत्रित किया जाता है।

सिलसिलेवार तरीक़ा

नामों की सूची तैयार करना, संपर्क करना, आमंत्रित करना, बिज़नेस प्लान दिखाना, टीम में लोगों को स्पॉन्सर करना, उत्पादों का ऑर्डर बुक करना फ़ॉलो-अप का हिस्सा है। इस सिलसिले को पूरा करने तथा दोहराने में 2-10 मीटिंग्स की आवश्यकता पड़ सकती है।

चेतावनी : शुरूआती मुलाक़ातों में ही नए डिस्ट्रीब्यूटर पर अपनी

अनावश्यक अपेक्षाओं के बोझ को डालने से ग़ैर ज़रूरी तनाव, बहिष्कार एवं अस्वीकृति के उत्पन्न होने की संभावनाएं बढ़ जाती हैं। अतः भूलकर भी ऐसा न करें। यदि आप एक उम्मीदवार को नेटवर्क बिल्डर के रूप में विकसित करने में सफल हो जाते हैं तो इस व्यवसाय में यह आपकी सबसे बड़ी कामयाबी मानी जाती है।

प्रभावशाली फ़ॉलो-अप के चार चरण

फ़ॉलो-थ्रू के निम्न चार क़दमों के द्वारा इसे प्रभावशाली बनाकर मनोवांछित परिणाम प्राप्त किए जा सकते हैं।

1. **फ़ॉलो-थ्रू एक प्रक्रिया है,** घटना नहीं। इसके लिए अनेक मीटिंग्स की आवश्यकता पड़ सकती है।

2. **कल्पना करें** जैसे कि वे आपके बिज़नेस में शामिल हो चुके हों, फिर उसी के अनुसार व्यवहार करें।

3. **सूची तैयार करें** तथा विचार-विमर्श के द्वारा उसमें से 20 अच्छे लोगों को चुनकर उन्हें प्लान दिखाएँ।

4. **उन्हें सिस्टम से जोड़ें** - इसके लिए कुछ पुस्तकें, सी.डी. तथा टेप्स उन्हें अध्ययन के लिए दें। उनका परिचय उत्पादों तथा हो सके तो अपने अपलाइन से भी कराएँ।

फ़ॉलो-अप के लिए पूछे जाने वाले सवाल

1. इस प्लान में आपको सबसे अच्छा क्या लगा?

2. क्या आप इसे शुरू करने के लिए तैयार हैं या आप दोबारा प्लान देखना पसंद करेंगे?

3. अपनी पहली कमीशन राशि को आप कैसे ख़र्च करना पसंद करेंगे?

4. आप पहले किसको स्पॉन्सर करना पसंद करेंगे?

5. अगर यह प्लान आपके लिए काम कर गया तो आपके जीवन में क्या परिवर्तन आ सकते हैं?

6. ऐसी कौन सी चीज़ है, जो आपको सही निर्णय लेने से रोकेगी?

7. आपको क्या लगता है, इस शानदार अवसर के द्वारा आप क्या-क्या प्राप्त कर सकते हैं?

8. इसे शुरू करने के लिए हमें दो-तीन मीटिंग्स और करनी पड़ सकती हैं। इस दौरान हम लिस्ट बनाना, संपर्क करके आमंत्रित करना, तथा उत्पाद ऑर्डर करना सीखेंगे . . . मैं आपको बताऊँगा कि एजूकेशन सिस्टम, बिज़नेस बनाने में हमारी किस प्रकार मदद करता है, परंतु सभी कुछ एक ही बार में नहीं सीखना है। राज, क्यों न आगे की जानकारी के लिए हम अगली मीटिंग में बात करें?

सिस्टम ही चाबी है

एजूकेशन सिस्टम आपके अपलाइन की सफलता को आपके ग्रुप में डुप्लीकेट करने (दोहराने) का काम करता है। अतः अपने अपलाइन द्वारा सुझाए गए बी.एस.एम. (बिज़नेस सपोर्ट मटेरियल) जैसे पुस्तकें, टेप्स, मैनुअल्स, हैंडबुक्स, ऐड पैक, सीडीज़, वीडियोज़ आदि का उपयोग अपने ग्रुप के लोगों की कार्य क्षमता एवं रफ्तार बढ़ाने के लिए अवश्य करें।

याद रखें - इस व्यवसाय को खड़ा करने के दो ही तरीक़े हैं - एक तो तेज और दूसरा, बहुत तेज! आप कौन-सा तरीक़ा अपनाना पसंद करेंगे?

जब तक आपका नया डिस्ट्रीब्यूटर पूर्णतः सक्रिय (एक्टिव) नहीं हो जाता, आपका फ़ॉलो-थ्रू भी समाप्त नहीं होता। इस प्रक्रिया में कुछ दिन, सप्ताह या फिर महीनों भी लग सकते हैं।

एक नए आई.बी.ओ. के मापदण्ड

नीचे की सूची में दिए गए मानकों पर खरे उतरे बिना आपका नया डिस्ट्रीब्यूटर पूर्णतः सक्रिय नहीं कहा जा सकता है -

- ❒ फ़ॉलो-अप ऑडियो टेप्स को सुनना तथा सकारात्मक साहित्य का अध्ययन करना।
- ❒ फ़ॉलो-अप वीडियोज़ देखना।
- ❒ सूची (लिस्ट) तैयार करना।

- ❐ लक्ष्य तैयार करना।
- ❐ अपलाइन से मिलना तथा नए मित्र बनाना।
- ❐ मीटिंग में नियमित रूप से आना।
- ❐ बिज़नेस में अपना नाम दर्ज कराना।
- ❐ सेमिनार्स में उपस्थित रहना।
- ❐ उत्पादों की जानकारी लेना तथा उनका इस्तेमाल करना।
- ❐ स्टेंडिंग ऑर्डर प्रोग्राम की सदस्यता लेना।
- ❐ अपलाइन के साथ नियमित संपर्क में रहना।
- ❐ टेप्स, ऐड पैक्स, वीडियोज़, पुस्तकें तथा अन्य सामग्री का आदान-प्रदान करना।
- ❐ नए लोगों को फ़ोन कॉल्स करना।
- ❐ नए लोगों तथा उम्मीदवारों को अपलाइन से मिलवाना।
- ❐ सिस्टम का सौ प्रतिशत पालन करना तथा अपलाइन की सलाह के अनुसार चलना।

याद रखें, किसी को सिर्फ ज्वाइन कराने मात्र से बिज़नेस नहीं बनता बल्कि सही फ़ॉलो-अप के द्वारा सही शुरुआत कराने से इस बिज़नेस का निर्माण होता है।

वचन

फ़ॉलो-अप एवं फ़ॉलो-थ्रू के द्वारा मैं प्रत्येक उम्मीदवार को सही शुरुआत देने का प्रयास करूँगा।

उपसंहार

भाग 7

२३

जीवन के उपदेश

पुरुषार्थ

अपने व्यवसाय में परिश्रमी व्यक्ति को देखें - वह आपको विजेता ही मिलेगा, असफल नहीं। - कहावत 22:29

आलसी हमेशा निर्धन ही रहेगा और मेहनती सदैव तरक्की करता रहेगा। - कहावत 10:04

अपने परमेश्वर यहोवा को याद करो - वह तुम्हें धन प्राप्त करने के लिए शक्ति एवं बुद्धि प्रदान करता है, जिसके लिए वह प्रतिबद्ध है। - व्यवस्था विवरण 8:18

सम्पदा - व्यक्तिगत, वित्तीय एवं आध्यात्मिक

प्रिय, तुम तुम्हारी आत्मा की भाँति समृद्ध एवं स्वस्थ बनो, ऐसी मेरी कामना है। - तृतीय जॉन : 02

व्यवस्था का यह वचन तेरे मुँह से नहीं निकलेगा, बल्कि तू दिन-रात उस पर ध्यान करेगा ताकि उसमें जो कुछ लिखा है, उसके अनुसार तू व्यवहार कर सके और अपना मार्ग समृद्ध बना सके, तभी तुझे सच्ची सफलता मिलेगी। - यहोशू 1:08

वह मनुष्य धन्य है जो बुरे लोगों की सलाह नहीं मानता, पापियों तथा घृणा करने वालों से दूर रहता है। वह यहोवा की व्यवस्था में प्रसन्न रहता है तथा दिन-रात खुद में खोया रहता है। वह नदी किनारे लगे पेड़ों के समान होगा जिसका एक भी पत्ता नहीं सूखता और समय आने पर अपने आप फल जाता है। जो कुछ भी वह करता है, निश्चित

ही फलदायी होगा। - भजन 1:1

ईश्वर उन सबसे बढ़कर कार्य करने में सक्षम है जो आप मांग सकते हैं या फिर आप सोच सकते हैं। - इफिसियों 3:20

यीशु ने कहा - चोर चोरी करने, मारने तथा नाश करने के लिए आता है, परंतु मैं तुम्हें जीवन देने तथा प्रचुरता प्रदान करने के लिए आया हूँ। - जॉन 10:10

स्वप्न

ईश्वर के लिए तथा ईश्वर के साथ सब कुछ संभव है।

- मार्क 10:27

व्यवसाय स्वप्न पूर्ति का माध्यम मात्र हैं।

- उपदेशक 5:3

सच्चाई

ईश्वर के लिए उसने अपना सबसे प्यारा और एकमात्र पुत्र कुर्बान कर दिया ताकि लोगों का विश्वास बना रहे तथा वह अनन्त जीवन पाए। - जॉन 3:16

यदि तुम परमेश्वर के राज्य और उसके धर्म की खोज करोगे तो यह सब तुम्हें उपलब्ध कराया जाएगा। - मैथ्यू 6:33

बीते हुए को भूलकर नई शुरुआत करो और उस लक्ष्य को हासिल करने में जी-जान लगा दो, जिसके लिए ईश्वर ने हमें भेजा है।

- फिलिपियन्स 3:4

अज्ञानता ने तुम्हें
नष्ट कर दिया है।
- होशे 4:6

२४

आप क्या बना रहे हैं?

एक नीति कथा

अनेक कामयाब लोगों को अपने सपनों के बारे में बातें करते हुए सुना होगा . . . आई.बी.ओ. के दिमाग में एक बड़ी पिक्चर (तस्वीर) होनी चाहिए . . . सफल होने के लिए सकारात्मक दृष्टिकोण की आवश्यकता होती है . . . किसी भी काम को करने का कारण, उसकी कार्यविधि से अधिक महत्त्वपूर्ण होता है . . . आदि-आदि। जब कोई आई.बी.ओ. मुझसे यह पूछता है कि सफल होने के लिए सबसे अधिक जरूरी क्या है, तो उसे मैं यह कहानी सुनाता हूँ -

एक बार एक अजनबी एक निर्माणाधीन इमारत के आस-पास टहल रहा था। वहाँ सैकड़ों की तादाद में मज़दूर अपने काम में व्यस्त थे। गर्मी बहुत थी। आसमान में बादलों का नामोनिशान तक नहीं था। अधिकतर मज़दूरों में बढ़ते तापमान, घटिया औज़ारों, दूसरों मज़दूरों तथा इमारत की बनावट आदि को लेकर आक्रोश था।

जब भी यह अजनबी पसीने में भीगे हुए किसी मज़दूर के पास से गुज़रता और पूछता, “आप क्या कर रहे हो?” तो प्रत्येक मज़दूर का गुस्से से भरा जवाब होता, “तुमको क्या लगता है, क्या मैं यहाँ मस्ती मार रहा हूँ? दिखाई नहीं देता, मैं ईंटों की चिनाई कर रहा हूँ। दूर हटो और मुझे काम करने दो!”

परंतु इन सबसे दूर एक व्यक्ति अपने काम में मग्न था। हालांकि वह भी धूल और पसीने में सना हुआ था, परंतु वह प्रसन्न था और मुस्कुराते हुए कुछ गुनगुना भी रहा था।

अजनबी ने उससे पूछा, "दोस्त, आपको छोड़कर सभी लोग यहाँ दु:खी हैं। आप सभी लोग एक जैसी गर्मी में शरीर को थका देने वाला काम कर रहे हैं। फिर भी आप मुस्कुरा रहे हैं और अन्य लोग शिकायत पर शिकायत किए जा रहे हैं, क्यों?"

उस खुशमिज़ाज व्यक्ति ने अजनबी का रुख़ किया, अपनी आस्तीन से अपने माथे का पसीना पोंछा और जोश भरे अंदाज़ में जवाब दिया –

"आप मेरे उत्साह का कारण जानना चाहते हैं न? तो सुनिए – मैं यहाँ बनने जा रहे पूजाघर को लेकर उत्साहित हूँ।"

अब मेरा आपसे सवाल है –

क्या आप इस व्यवसाय को लेकर उत्साहित हैं?

एंजेलो एम. डी'अमिको

❁एमवे डायमण्ड ❁ वक्ता ❁लेखक ❁

38 वर्ष की उम्र में एंजेलो एक सफल व्यवसायी एवं शहर के सर्वाधिक प्रतिष्ठित व्यक्तियों में से एक थे। लाखों डॉलर के वार्षिक व्यवसाय के बावजूद अपने बीमा व्यवसाय में एक लाख डॉलर से भी अधिक के ऋण के चलते वे दिवालिया होने की राह पर थे। उनके सपनों का घर नीलाम होने को था कि तभी उनका परिचय एमवे व्यवसाय से हुआ।

जब एंजेलो ने अपने पूर्व कल्पित विचारों से मुक्ति पाकर अपना विश्वास येगर इंटरनेट एजुकेशन तथा ट्रेनिंग सिस्टम पर स्थापित किया और काम में जुटे तो वे 111 दिनों में सिल्वर, 20 महीनों में एमराल्ड तथा पौने चार साल में डायमण्ड बन गए।

आज एंजेलो अपनी पत्नी सिंडी के साथ जैक्सनविल, फ्लोरिडा में चार एकड़ जंगली क्षेत्र में बने अपने सपनों के घर में रहते हैं। वे समय एवं महँगाई से अप्रभावित नियमित आय के स्वामी हैं। उनके दो पुत्र, ब्रेन तथा मार्क अपने घरेलू व्यवसाय में उनका हाथ बंटाते हैं।

यदि मैं इसे कर सकता हूँ,
तो आप भी इसे कर सकते हैं।

– एंजेलो एम. डी'अमिको

Daily Progress Report

Date Read	Initials	Date Read	Initials	Date Read	Initials
1		35		69	
2		36		70	
3		37		71	
4		38		72	
5		39		73	
6		40		74	
7		41		75	
8		42		76	
9		43		77	
10		44		78	
11		45		79	
12		46		80	
13		47		81	
14		48		82	
15		49		83	
16		50		84	
17		51		85	
18		52		86	
19		53		87	
20		54		88	
21		55		89	
22		56		90	
23		57		91	
24		58		92	
25		59		93	
26		60		94	
27		61		95	
28		62		96	
29		63		97	
30		64		98	
31		65		99	
32		66		00	
33		67		00	
34		68		00	

अगले 90 दिनों में इस पुस्तक को कम-से-कम सौ बार पढ़ें
तथा ऊपर दी गई तालिका के द्वारा अपनी प्रगति की जांच करते रहें।

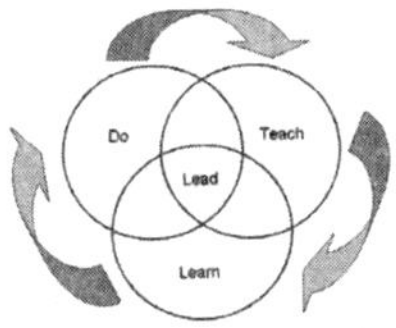

LEARN DO & TEACH

☞ **Four Basics:**

- ❖ List Building
- ❖ Contact and Invite
- ❖ Show the Plan
- ❖ Follow up and Follow through

☞ **Nine Core Steps:**

- ❖ Read PMA Books
- ❖ Listen Tapes / Watch VCDs
- ❖ Attend every Function, Meeting & Seminar
- ❖ 100% Product use
- ❖ Show the Plan
- ❖ Share the Products
- ❖ Be Accountable
- ❖ Be Teachable
- ❖ Be Communicable

☞ **Cardinal Rules:**

- ❖ Never mess up with anybody's Money, Ego and Spouse
- ❖ Never pass any negative to upline, downline or crossline
- ❖ Never De-edify your upline, downline or crossline
- ❖ Before doing anything for the first time check with your upline

☞ **Three Powers:**

- ❖ Power of Unity
- ❖ Power of Spoken Words
- ❖ Power of Submission

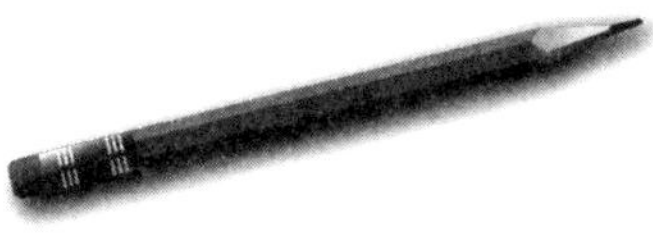

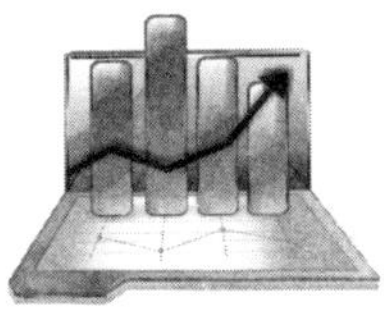

MY GOAL CARDS

I Can Be What I Will To Be !

My goals are . . .

1.

by..

2.

by..

3.

by..

4.

by..

5.

by..

I Can Be What I Will To Be !

My goals are . . .

1.

by..

2.

by..

3.

by..

4.

by..

5.

by..

I Can Be What I Will To Be !

My goals are . . .

1.

by..

2.

by..

3.

by..

4.

by..

5.

by..

I Can Be What I Will To Be !

My goals are . . .

1.

by..

2.

by..

3.

by..

4.

by..

5.

by..

प्रत्येक व्यक्ति सही व्यक्ति की तलाश में है,
परंतु कोई स्वयं सही व्यक्ति बनना नहीं चाहता।

– गौतम बुद्ध

संदेह बाधा देखता है, विश्वास मार्ग
संदेह अंधियारा खोजता है, विश्वास प्रकाश
संदेह रोकता है, विश्वास आगे बढ़ाता है
संदेह पूछता है, विश्वास उत्तर देता है।

– रिच देवॉस (संस्थापक एमवे कार्पोरेशन)

My Experiences in Applying the Principles Taught in This Book